An der Katharinenkirche,
Januar 1983

Frankfurt –
Poesie einer Stadt

Fotografien von Werner Schmitz
Herausgegeben von Manfred Ruppel

SOCIETÄTS**VERLAG**

Gedruckt mit Unterstützung der Stadt Frankfurt am Main,
Institut für Stadtgeschichte

Alle Rechte vorbehalten • Societäts-Verlag
© 2002 Frankfurter Societäts-Druckerei GmbH
Nachdruck, auch auszugsweise, nur nach vorheriger
schriftlicher Genehmigung des Verlages gestattet.
Gestaltung und Satz: Societäts-Verlag, Frankfurt
Lithografien: Societäts-Druck, Frankfurt
Druck und Verarbeitung: Druckhaus Schütze GmbH, Halle (Saale)
Printed in Germany 2002
ISBN 3-7973-0799-3

Jeder sieht die Welt mit anderen Augen. Oft ist es der Blick des Anderen, der den vertrauten, meist wenig beachteten Dingen eine neue Perspektive verleiht, eine Sichtweise, die verdeckte Facetten ihres Charakters erkennbar macht. Die Fotografien dieses Bandes sind solche Lehrstücke, die helfen können, die Kunst des Sehens neu zu erlernen.

Als Werner Schmitz nach 1950 in Frankfurt mit dem Fotografieren begann, war der Wiederaufbau in vollem Gange, die Trümmer wenigstens von den Straßen weitgehend beseitigt und die schlimmsten Auswüchse von Wohnungsnot und Nahrungsmangel gelindert. Der Rückkehr in die Normalität schloss sich ein enormer wirtschaftlicher Aufschwung an, der bis in die späten sechziger Jahre ungebrochen anhielt. Weltweit tätige Unternehmen, Arbeitskräfte aus fremden Ländern sowie der Ausbau der großen Verkehrswege verliehen der Stadt ein internationales Flair. Auch das Verbraucherverhalten erhielt in zunehmendem Maße ein internationales Gepräge. Konsumwellen für Nahrung, Wohnungseinrichtung und technisches Gerät lösten einander in rascher Folge ab.

Wiederaufbau und Wirtschaftswunder hatten auch Schattenseiten. Mit Konsumfreude und Lebensgenuss wuchsen Selbstsucht und Rücksichtslosigkeit. Viele Traditionen, Wertorientierungen und Leitbilder erschienen fragwürdig. Die steigende Motorisierung drohte die Städte zu ersticken. Neue Straßen veränderten das alte Stadtbild von Grund auf, und auch das unterirdische Bahnnetz, das später Entlastung bringen sollte, verwandelte die Innenstadt lange in eine Baustelle. Für viele Bewohner büßte die Stadt ihren Heimatcharakter ein. Die Bebauung der Altstadt mit Häuserblocks, die die Siedlung vom Flussufer absperren, machte die Verlagerung des städtischen Mittelpunkts hin zu Zeil und Hauptwache unumkehrbar. Durch seine City mit der Dominanz von Kommerz und Gewinnstreben erwarb sich Frankfurt überdies den Ruf, amerikanischste Großstadt Europas zu sein, laut und schnelllebig, bodenspekulativ, voll harter Kontraste. In den siebziger Jahren schließlich, als politische Konflikte zunehmend auf der Straße ausgetragen wurden, galt Frankfurt als „unregierbar", das Wort von der „Unwirtlichkeit" der großen Städte wurde hier geprägt.

Vor diesem Hintergrund zeigen die Fotografien von Werner Schmitz Menschen, die sich in Frankfurt bewegen, auf der Suche nach Heimat und menschlicher Nähe. Schmitz vertritt damit eine besondere Variante der Stadtfotografie. Sie ist weniger dokumentarisch ausgerichtet, sondern stellt Facetten von Alleinsein und Begegnung in den Mittelpunkt. In Momentaufnahmen und Straßenszenen von großer Sensibilität und Menschlichkeit fängt Werner Schmitz melancholische und poetische Seiten der Großstadt ein: seine Aufnahmen zeigen einsame, ältere oder gestrandete Menschen, verlassene Gaststätten, Dämmerungsstunden und Regentage, aber auch Licht- und Schattenspiele, den sonnenbeschienenen Fluss, verliebte Paare, Passanten, nachdenkliche und freundliche Gesichter sowie Begegnungen beim Spaziergang, im Gespräch, beim Spiel. Die Fotos von Werner Schmitz, die durch Vermittlung von Herrn Manfred Ruppel in das Institut für Stadtgeschichte gelangt sind, stellen eine bedeutende Bereicherung der dortigen stadtgeschichtlichen Bildersammlung dar. Das Institut hat die Entstehung dieses Bandes daher gerne gefördert.

Prof. Dr. Dieter Rebentisch
Leiter des Instituts für Stadtgeschichte

Schmitz, Selbstporträt, 1988

Am Dom, Mairegen 1981

Im Drehbuch des Lebens

Werner Schmitz war als rasender Fotograf in Frankfurt vielen bekannt. Jeden Samstag zog er vormittags mit seinen Fotoapparaten in die Innenstadt. Der großformatige Apparat[1] baumelte vor seiner Brust, den kleineren[2] nahm er zur Hand, um aus der Hüfte Bilder zu schießen. So blieben die Menschen-Motive in ihrer natürlichen Haltung, gestellte Fotos kennen wir von ihm nicht. Er scheute keine politische Demonstration, keine Menschenansammlung, da er unbedingt jedes Element der Zeitgeschichte, die hier in der Stadt ablief, festhalten wollte. All das hatte auch mit seinem Lebensgefühl zu tun, denn Werner Schmitz brauchte täglich eine Dosis Euphorie[3], wie er den Zustand von Freude über etwas Erreichtes nannte, um sich selbst besser zu fühlen. Aus seiner Tätigkeit heraus entstand eine Dokumentation bewegten Frankfurter Lebens um und auf der Zeil. Der Mann aus Seckbach hinterließ ein großes fotografisches Werk, bestehend aus rund fünfzigtausend Schwarz-weiß-Negativen, die jetzt ihren Weg ins Institut für Stadtgeschichte gefunden haben.

Neben seinem fotografischen Werk hinterließ Schmitz aber auch noch eine gleichsam aufgeschichtete Textpyramide, welche sein Drehbuch des Lebens darstellen sollte. Tagtäglich schrieb er akribisch eigene Erlebnisse und Gedanken in sein Etmal-Tagebuch. „Etmal" kommt aus dem Niederländischen und wird auch in der Seefahrt als Ausdruck verwendet, es ist der Zeitraum zwischen dem einen und dem nächstfolgenden Mittag.

Werner Schmitz baute damit seine Melancholieanfälle ab und konnte durch Foto und Text seine euphorische Stimmung erzeugen, die ihm das Leben erst Wert machte. Er forderte sich selbst heraus, arbeitete in der Dunkelkammer und stellte in einer Nacht hundert Bildabzüge her, tippte jahrelang an seinem Etmal, ohne je ein Ende zu finden, fand nur wenige Stunden Schlaf, da er die vielen tausend Seiten langen Passagen auf die Festplatte seines Computers eingeben musste. Stets hatte er einen etwas ausgefallenen Lebensrhythmus gepflegt, begann morgens um vier zu schreiben, selbst in den Zeiten, als er noch zur Arbeit gehen musste. Doch eines schien er noch lieber zu tun, als alles andere, er übte, auf seinem Bett liegend, das kreative Nichtstun, – bis ihn eine Idee befiel oder er etwas nachschlagen musste: Wann, wenn nicht jetzt?

Natürlich wird er schon immer so gewesen sein; viele seiner Ideen, die er geboren hatte, stammen aus der Alkoholphase, der er so glücklich entronnen war. Selbst seine poetischen Vignetten

des Alltagslebens, die zahlreich nach 1970 in der alten „Bornheimer Brücke" erschienen, zeigen durchaus seine positive Lebenszuneigung. Die Sinnsuche, die Abwehr seiner Lebensdepression, der Überdruss am Leben, weil es so schwer sein kann, ließ ihn für sich selbst eine Welterklärung formulieren. Seine eigenen zwei Seiten standen ihm oft im Wege, aber durch seine Unruhe und seine Begabung hatte er viel erreicht. Schmitz wurde ein angesehener Chemotechniker und war dazu noch künstlerisch ambitioniert. Nur der Alkohol ließ ihn in ein tiefes Tal blicken, vor der Arbeit im Labor hatte er schon sein Quantum zu sich genommen. Es gab Ausfälle, er erlaubte sich Exzesse, fand aber immer wieder auch Hilfe. In den feuchtfröhlichen Tagen – Mitte der sechziger Jahre – textete er mit dem Seckbacher Komponisten Karl Götz Schlager für Gerhard Wendland. Werner Schmitz liebte Bach und Chopin, spielte bereits als kleiner Junge auf einer Kirchenorgel, hatte Kinder in die Welt gesetzt, ließ sich scheiden, kam wieder zurück, heiratete seine erste Frau Inge noch einmal. Bis zur letzten Minute stand sie ihm dann zur Seite. „Ohne sie bin ich nichts", sagte er mitunter. Sie richtete sein äußeres Leben. Er war da nicht ungerecht, so, wie er wusste, dass es für ihn ein großes Glück bedeutete, dass er von seiner letzten Arbeitsstelle in eine frühe Rente gleiten konnte; endlich konnte er sich seinem Lebenswerk widmen.

Werner Schmitz wurde am 15. März 1928 geboren, die Familie lebte abwechselnd in verschiedenen Wohnungen Frankfurts, der Vater verstarb, als Werner drei Jahre alt war. Die Mutter, auf Selbständigkeit eingerichtet, arbeitete als Sachbearbeiterin und erzog alleine ihn und seine Schwester. Der Junge kam aufs Gymnasium und erhielt sporadisch Musikstunden, früh wohnte er dem Spektakel der Hitlerjugend bei, war aber damals schon sentimental. Als er mit Unterstützung des Onkels 1941 auf ein Internat nach München kam, hielt er es dort vor Heimweh nicht aus und flüchtete im Jahr darauf zurück. Der Schulunterricht war im Bombenkrieg unzulänglich, er besuchte eine Laborantenlehre, die aber zweimal durch die Kriegswirren wieder abgebrochen wurde; der 17jährige kam an die Front und lernte dort eine neues Stück Menschenlebens kennen, was er später in seine Koordinaten-Gedanken mit einbezogen hat: Es ist alles gefügt. Die Nachkriegsjahre brachten auch für ihn nur Unruhe, dennoch konnte er seine angefangene Lehre gut beenden und fand bei der Firma LURGI 1948 eine Anstellung. Schmitz traf auf seine spätere Frau Inge und nach der Heirat wohnte er bei ihr in Seckbach. Ein erster Sohn. Die Fotografie brachte ihm gleich Erfolge, und ab 1952 besuchte Schmitz einen Abendlehrgang zum Chemotechniker, wo er einen besonderen Lehrer fand, Dr. Untermann, der ihn wissenschaftliches Denken lehrte.

Werner Schmitz verließ Frau und Sohn, heiratete neu, wurde Vater einer Tochter, kehrte aber vier Jahre später zu seiner ersten Frau zurück. „Inge verzieh mir alles." Er sollte beruflichen Erfolg haben, auch mit seinen Fotografien, aber der Alkoholkonsum stieg; Geburt eines zweiten Sohnes. Ende der sechziger Jahre unterzog er sich der ersten Entziehungskur, erfolglos, es wurden schwierige Jahre, obwohl er in dieser Zeit die schönen Frankfurter Vignetten schrieb, aber erst nach wiederholten Versuchen trank Schmitz 1974 seinen „letzten Schluck." Nun arbeitete er für die Wach- und Schließgesellschaft, schrieb an seinen Gedanken im Dunkeln. Wurde schließlich Hausverwalter an einem Universitätsinstitut, fotografierte und arbeitete weiter an seinem Tagebuch, bis er Mitte der achtziger Jahre in eine Frührente gleiten konnte. 1990 erschien dann sein Fotobuch.

Ein merkwürdiger Mensch, könnte man konstatieren, denn wie kam es dazu, dass er, sich der guten Umstände voll bewusst, an der Hauptwache sitzend, eine Verschnaufpause einlegend, schlagartig in Nostalgie über die vergangenen Jahre verfallen konnte. Der seinerzeitigen schlechten Tage sich voll bewusst, diese dennoch zurückzuwünschen, ja heraufbeschwörend, in dem er die Fotografien heraussuchte, die betreffenden Tagebuchstellen, um alles noch einmal minutiös nachzuleben.

Eigentlich hätte er viel ruhiger und gelassener sein können. Seit 1951 fotografierte Werner Schmitz, entwickelte die ersten Abzüge – noch herrschte ärmliche Nachkriegszeit – in einem wasserdichten Koffer, war als Mitglied der Fotogilde „Gruppe 58", – um 1960 herum –, anwesend bei zahlreichen internationalen Ausstellungen, und erzielte auch gleich Preise. Er publizierte Schnappschüsse und Fotostilleben in Lokalblättern und in der größeren Presse, vom „Seckbacher Kurier" über „Neue Presse" zur „Frankfurter Rundschau", später auch an vielen anderen Stellen. Als die brandaktuellen Fotos der Frankfurter Neonaziszene in „Stern" und „Spiegel" erschienen, war er eine ganze Zeitlang sehr begehrt – und das tat ihm gut.

1990 erschien im az-Verlag von Willi Hau sein Fotobuch „Frankfurter Bilder". Damit war Schmitz gänzlich zufrieden, sein Unterwegs in Frankfurt lag vor, seine Hundertstelsekunden, seine gesammelten Schnellschüsse, die unbemerkte Bildspionage, das Einfangen anderen Lebens. Der Untertitel lautete „In der Vollkommenheit des Augenblicks", weil doch alles sonst so flüchtig sei, aber dieser festgehaltene Moment stelle eine besondere Qualität dar.

Das offene Auge hinter dem überlichteten Ilford- oder Agfa-Film, der Liebhaber des halbierten Schattens, des schmalen Ausschnitts, mochte auch noch so stark das fotografische Korn hervorstechen, hatte seine Euphorie und seine schmerzlichen Stunden ganz gut im Griff. Nun wollte er sich aber mehr dem Text widmen, den Schwarzweiß-Film zur Seite legen, und beendete tatsächlich auch 1995 konsequent sein letztes optisches Tagebuch, setzte sich an den Schreibtisch und tippte mehr als zwanzig Jahre Gedanken in den Computer. Eine manische Besessenheit trieb ihn an, das Genie der kleinen Ordnung, des Querverweises. Er hielt durch und erreichte auch dieses Ziel.

Der 1928 geborene Frankfurter war nicht nur zu einem ideologisch gefärbten Hitlerjungen erzogen worden, sondern musste als fünfzehnjähriger Melder nach und während der Luftangriffe durch Bornheimer Straßen eilen. Schließlich kam er auch noch als letztes Aufgebot der Menschenabschaffer an die Heimatfront. Angriff auf einen amerikanischen Panzer. Mutprobe. Hosenschiss. Tote Menschen.

Zunächst zu jung, um all das zu durchschauen, aber bereits alt genug, um das Erlebte in sich wirken zu lassen.

Schnittstellen, Reifepunkte, die sich in seinen autobiographischen Passagen nacherleben lassen. Als er seine Jugendgeliebte Maria tot unter dem zerbombten Mietshaus wusste, gab man dem jungen Luftschutzmelder ein paar Schnäpse, und von hier aus startete auch ein Teil seiner Lebensreise.

Im späteren Leben von Werner Schmitz werden sich all diese Erlebnisse aufreihen und immer wieder wird er sich die Frage stellen: Ist das gut? Ja, sagte er sich dann, ich fühle mich geführt. Er benannte dieses Erkennen der Führung und den Ablauf eine Transzendentale Koordination. Für ihn war das eine Metamorphose, wie die biologische, von der Raupe zum Admiral.

Somit war sein Fotografieren und Schreiben auch Eigentherapie; und seine Bilder sind nicht nur Dokumente, sondern Ausdruck seiner Stimmungen, seiner Hochs und Tiefs. Keinesfalls wollte er das Amateurdasein verlassen, wollte auch keine stilisierten Kunstwerke erzeugen, sondern ordnete sich selbst als Liebhaber der Fotografie ein.

Als in den achtziger Jahren die Innenstadt Frankfurts begann, ein internationales Aussehen zu erhalten, war er fasziniert von den vielen Menschengesichtern, die ursprünglich aus anderen Kontinenten stammten, zog ihn die freundliche Seite der Musikanten an, die den Ausdruck der Freude in den Gesichtsausdrücken der Passanten erzeugten.

Das Frankfurter Zentrum zwischen Römer und Konstabler Wache vibrierte förmlich unter dem Druck von Neonazi-Treffen und Gegenkundgebungen, den Iran- und Anti-Startbahn-West-Demonstrationen, währenddessen Heilsverkünder aller Lager und Religionen an den Schaufenstern des neuen Reichtums vorbeizogen.

Der offensichtlich jung gebliebene Unruhegeist hatte es geschafft, kreativ und produktiv die Grenze von siebzig Jahren zu erreichen. Seine letzte Sorge galt seinem Text über Camilla Stern, über ein jüdisches Mädchen, dass er als verblendeter Hitlerjunge schlecht behandelt hatte. Er litt darunter, dass er sich bei ihr nicht mehr entschuldigen konnte.

Interessant zu sehen ist, dass sein fotografischer Blick, seine Methode, sein Stil, einen Film zu belichten, bereits auf den Bildern der frühen Zeit, Mitte der fünfziger Jahre, entwickelt war.

Auch beim Schreiben hatte er in den vielen kleinen Geschichten eine gewisse Leichtigkeit errungen, was ihm in seinen Tagebüchern, wo er sich meist autobiographisch oder philosophisch-esoterisch ausdrückte, nicht mehr möglich wurde. Diese Texte waren für ihn aber ein Steinbruch, an dem er noch zu arbeiten habe. Therapie. Doch durch all das hatte Werner Schmitz sich nicht totgesoffen, hatte beim Russisch Roulette mit der Pistole sich nicht ausgelöscht, sondern, wie Phönix aus der Asche steigend, seine Bestimmung gefunden: Alles ist für mich gefügt!

Mit dem neuen Frankfurt, der international mutierten Großstadt, mit seinen vielen Facetten, bot sich ihm eine Chance, sein fotografisches Wollen fand Nahrung in dem vorgehenden Weltwandel, der sich gleichsam vor seiner Haustür, auf der Zeil, vollzog.

Manfred Ruppel

1 Schmitz verwendete im Laufe der Jahrzehnte viele verschiedene Kameratypen; die Aufzählung bleibt unvollständig. Auf den Negativhüllen fanden sich folgende Angaben: Voigt Laender, Leica, Cosina CSI, ACI, Nikon AF, Minox GT35; Filmsorten wurden von Adox KB 17, Agfa, Ilford FP4, HP5, Kodak TRI-X, und Perutz bis Quelle verwendet.
2 siehe Fußnote 1
3 Alle kursiv gesetzten Ausdrücke oder Sätze beziehen sich auf Wortschöpfungen von Werner Schmitz, denen er sich persönlich so stark verbunden fühlte, dass er ihnen am liebsten ein „Copyright" beigefügt hätte.

Seite 7: Im Hauptbahnhof, um 1965
Seite 8: Zeil am Abend, um 1967

Hauptwache, um 1958

Vor der Katharinenkirche,
Oktober 1982

Vom Eisernen Steg, um 1963

„Fressgass", Café Schwille, Mai 1988

Vor der Katharinenkirche, Januar 1983　　　　　　　　　　Vor der Katharinenkirche, Sommer 1983

Lohrberg, Blick über Seckbach, um 1958

Lohrberg, Gaststätte am Ruhetag, Oktober 1963

Am Eisernen Steg, um 1962

Auf dem Main, um 1962

Der Dom, um 1960

Sonnenuntergang, 20. Mai 1963, mit dem Eisernen Steg

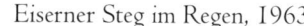
Eiserner Steg im Regen, 1963

Schillerstraße, vor der „Neuen Presse", um 1953

Rennbahn Niederrad, Wettbüro, um 1955

Vom Eisernen Steg, 1956

Vom Dach der Hauptwache, 27. April 1958

26

Seite 26: Zeilbummel, um 1960

Im Hauptbahnhof, April 1957

„Maxischach" im Bethmannpark, Samstag um 11 Uhr, 13. Juni 1970

Seite 28, 29 oben: Am Goehtedenkmal, Frühling, um 1957
Seite 28: Am Goehtedenkmal, um 1957
Seite 29: Anlage, Frühling, 1954

Begegnung in Bernem[1]

In der lieben, guten uralten Zeit, da die Bevölkerungsdichte auf unserem Geoiden bei weitem noch nicht so hoch war wie heutigentags, und die Großstädte gerade so groß waren, wie unser Bernem bei der Eingemeindung, wo es noch keine Berger Straße gab, und man noch nicht von „Bevölkerungsexplosion" und Überbevölkerung zu sprechen brauchte, kannten die Einwohner einer solchen, von Schutzwällen umgebenen Stadt, gewiss einander mit Namen. Und man wusste selbst Rang, Stand und Konfession eines jeden Mitbürgers. Damals, als die Erde gegen heute noch ein Dorf war … So wusste man beispielsweise, der da drüben, das ist der Bürger Schwertfeger. Jener dort ist der Stadtschreiber Federkiel und da drüben läuft der Stehgeiger Fiedelzart Saitenstreich. Ganz gewiss begrüßte man sich in etwa: „Einen schönen guten Morgen, Gevatter Kanngießer", oder „Wohin des Weges, Meister Zimmermann?"

Doch mit dem rapiden Anstieg der Bevölkerungsdichte wächst auch der Bekannten-, Freundes- und Kumpelkreis derart, dass man nicht mehr in der Lage ist, jeden in der Gehirnkartei zu erfassen und ordentlich zu registrieren. Und aus all den Bekanntschaften und Begegnungen, die der gehetzte Mensch im heutigen, ruhelosen Alltag

hat, ergibt sich unterwegs bisweilen ein fernsehreifes, heiteres Personenraten, unter dem Motto: „Wenn ich wüßte, wer Du bist – !" Vorhang auf zum heiteren Quiz: Mitten auf der Bornheimer Hauptschlagader, der „Bernemer Zeil", lächelt ein Passant, grüßt höflich, bleibt stehen und fragt: „Na, wie geht's denn?"

Irgendwie kommt jener uns bekannt vor. Aber woher kennt man ihn nur? Fieberhaft beginnt das Gehirn zu arbeiten. Nur keine Blöße geben – ! Sämtliche Karteikästen und Gehirnschubladen, die ohnehin und sowieso bis unter die Fontanelle mit mehr oder weniger Wertvollem angefüllt sind, werden durchwühlt. Um Zeit zu gewinnen, antwortet man, ohne sich etwas anmerken zu lassen: „Danke der Nachfrage. Und wie geht es selbst?" Wer kann es nur sein? Woher kennt man ihn? Ist man mit ihm per Du oder siezt man sich? Wo soll man ihn unterbringen? Rangiert er sozial hoch oder blamiert man sich, wenn man mit ihm zusammen gesehen wird? Oder steigt man gar im Ansehen, wenn man ihn kennt? Kennt man ihn vom Fußballplatz oder vom Kommiss her? Oder vielleicht aus der Urlaubszeit in Rimini? Deshalb versucht man nun unauffällig, durch scharfsinniges, detektivisches Abtasten und Einkreisen seines Visavis, das große Rätsel um ihn zu lösen: „Lange nicht mehr gesehen", beginnt man aus der Defensive heraus. Und dann, als man den Ehering seines

Gegenüber erspäht, entschließt man sich zu einem kleinen Vorstoß: „Was macht denn die Familie? Wie geht es den lieben Kindern? Sind wohl auch schon groß jetzt?" „Na ja, die Zeit vergeht halt."

Soweit die erste Runde, die verloren ist. Man versucht nun einen Vorstoß aus einer anderen Himmelsrichtung: „Ja sicher. Die Zeit vergeht. Ach, was macht denn eigentlich der komische Dingsbums, na wie heißt er doch gleich wieder..?" Aber der andere lässt sich nicht ins Blatt schauen und antwortet: „Jetzt weiß ich aber wirklich nicht, wen Sie meinen." „Na, zu dumm. Aber ich komme schon noch auf den Namen."

Nach diesem skurrilen Wortwechsel kann man immerhin einen Pluspunkt für sich verbuchen. Denn man weiß jetzt mit Sicherheit, dass man mit seinem Gesprächspartner nicht auf Du und Du ist. Daraus ergibt sich der umwerfend logische Schluss, dass man ihn weder vom Barras, noch aus der Schulzeit, noch von früheren Zechgelagen her kennt.

Und auf geht's, zur nächsten Runde...

Man entschließt sich jetzt zu einem dreisten Frontalangriff: „Ach, nun fällt mir auch der Name dieses komischen Dingsbums wieder ein. Oskar Nickelmann heißt er. Wie geht es ihm eigentlich? Ich habe schon lange nichts mehr von ihm gehört."

„Ja, von dem weiß ich auch nichts

Näheres mehr. Ich hab ihn halt auch aus den Augen verloren", antwortet der andere. Nun weiß man endlich, dass der Gegenüber ebenfalls schwindelt, denn ein Oskar Nickelmann gibt es gar nicht. Er wurde soeben stehend freihändig erfunden. Und siegesgewiss glaubt man, nun in die Endrunde gehen zu können: „Verzeihen Sie, aber haben Sie vielleicht eine Visitenkarte bei sich? Sie wissen, das Gedächtnis. Adressen kann ich mir leider noch immer nicht merken." Da kommt der vernichtende Gegenschlag: „Wieso Visitenkarte? Ich wohne noch immer im selben Haus wie Sie, in der Wittelsbacher Allee Nr. ... und noch immer eine Etage über Ihnen. Und ich bin noch immer der Hausherr, ha, ha, ha ..."

1 solche Texte veröffentlichte Werner Schmitz um 1972 in der „Bornheimer Brücke". Sämtliche Texte von ihm wurden durch den Herausgeber leicht bearbeitet (aber ganz im Sinne des Autors).

Links: Um 1956
Seite 31: Berger Straße, 1958
Seite 32: An der Hauptwache, um 1961
Seite 33: Wettlose, Zeil, um 1952

Innenstadt, um 1953

Um 1952

Zeil, um 1953

Um 1958

Unterführung Konstabler Wache, Juni 1959

An der Hauptwache, vor dem Café Kranzler, um 1958

Kinokasse, Kaiserstraße, April 1957

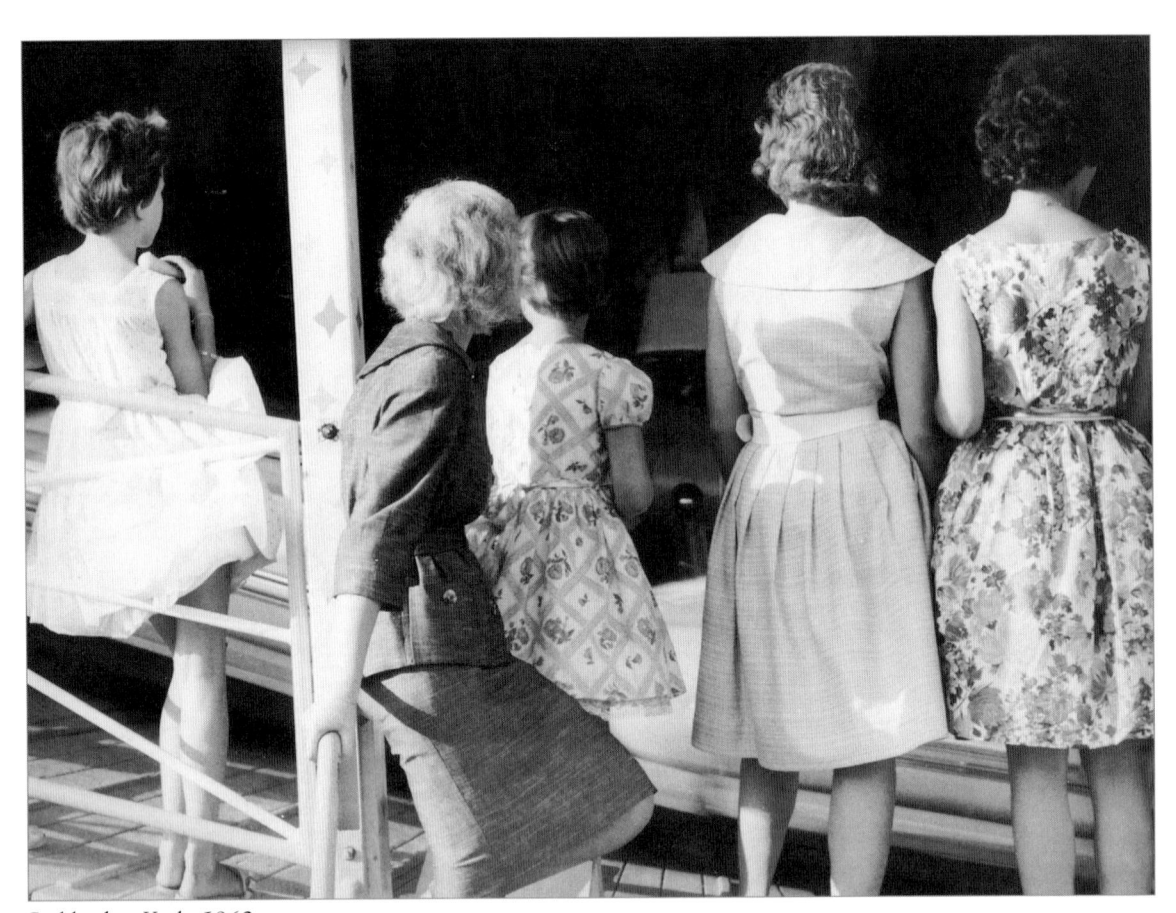

Seckbacher Kerb, 1962

Kinokasse, Kaiserstraße, April 1957

Zeil, um 1963

Die Zeil in der Weihnachtszeit, 1959

Mini-Golf auf dem Lohrberg, um 1962

Planschbecken im Günthersburgpark, um 1960

Berger Straße, Ecke Heidestraße, 28. August 1970

Blick vom Dom, um 1963

Seckbach, um 1955

Ein Albumblatt aus Kindertagen[1]

Die Liebe zur Natur erwacht bisweilen sehr früh. Nicht selten schon im 9. Lebenslenz. Zunächst ist es freilich nur ein unbewusstes Ahnen, philosophiert der Chronist, als er in der Arnsburger Straße vor der Clemens-Brentano-Schule steht, in welcher er seine vier Volksschuljahre absolviert hat. Vor 35 Jahren ...Lieber alter, einst gefürchteter Kasten! Du bist vom Krieg verschont geblieben, und du hast dich überhaupt nicht verändert. Du bestehst noch aus denselben Klinkern, hast noch die gleiche Farbe. Deine Fenster haben noch die gleiche hohe Form wie damals. Alles ist noch so wie einst. Auch der Boden, auf dem du stehst, ist so geblieben. Er wurde nicht von Bomben umgegraben. Nur deine Uhr, die einzige Rundung auf einem Korpus, wurde wohl etwas restauriert. Jedoch deinem Stil entsprechend, sodass es nur einem sehr aufmerksamen Beobachter auffällt.

Aber du bist befördert worden, sehe ich. Du bist jetzt keine Volksschule mehr, sondern bist zur Berufsschule aufgestiegen. Für halbwüchsige Knaben mit langen Mähnen und für hübsche Mädchen in heißen Höschen. Freue dich darüber. Biete der Jugend das Beste. Sie ist nicht schlecht – ! Ach, da ist ja noch die Kiefer im Schulhof, gleich hinter dem Tor. Sie war immer das „Hola" beim Fangenspiel in den großen Pausen, und das Gefängnis für die Räuber, die vom Gendarm dort eingeliefert wurden. Ei, ei, ist die gewachsen, in den 35 Jahren. Wie stolz sie im lauen Frühlingswind ihre Zweige auf und nieder bewegt, als wolle sie hoheitsvoll einen alten, lang vermissten Freund begrüßen.

Als er mit diesen Gedanken den Schulhof betritt, ist er plötzlich wieder der kleine Schulbub von damals.

... am Tag da die Sommerferien begannen, gab der Deutschlehrer, der aber viel besser turnen konnte, zu verstehen, dass zu Schulbeginn ein Aufsatz: „Mein schönstes Ferienerlebnis", mitzubringen sei. Er war auch gleichzeitig Turnlehrer und war in dieser „Fakultät" fast so gut wie Turnvater Jahn. Vor jeder Turnstunde ließ er sie durch die Akrobatik-Halle marschieren, unter zackigem Absingen des Liedes: „Es ist so schön Soldat zu sein, Rosemarie ..." Laut und militärisch musste das interpretiert werden, selbst wenn einige Knaben auch nicht die richtigen Töne zu singen wussten. Da war er gar nicht so – !

Der Chronist hatte schon als Kind für sein Leben gern Streifzüge durch Wiesen und Felder unternommen, denn er liebte die Natur über alles. Wie konnte es da in den Ferien anders sein? Es war am vorletzten Ferientag, an einem Spätsommermorgen. Ein seidigweicher Dunst lag, kaum sichtbar, über Wiesen und Felder. Und es roch schon nach baldigem Abschied vom Sommer, die Wiesen waren betaut.

Da, wo die Sonne hinschien, sah man viele Spinnennetze im Sonnentau. 24-karätig leuchteten die Tautränen in der fahlen Morgensonne in den Netzen der Spinnen.

Viele Heupferdchen hüpften über die feuchten Wiesen, und freudig bezirpten sie den schönen Morgen.

Fasziniert bewunderte der kleine Mann all diese Schönheit. Da – ! ein kleines Heupferdchen hüpfte direkt auf ein heimtückisch gespanntes Netz zu – und mitten hinein.

Es zappelte was es nur konnte, aber es half alles nichts. Das Netz war sinnvoll gesponnen. Gebannt starrte der Wiesenstreuner auf die Szene, und er schwankte zwischen Mitleid und Neugierde. Sollte er das kleine dumme Ding, das sicher nicht auf seine Mutter gehört hatte, befreien, oder zusehen und warten, was nun kommen würde?

Die Neugierde siegte – ! Da schoss die seit einigen Tagen verwitwete Spinne, die ihren eigenen Gatten ausgesaugt hatte, aus ihrem Versteck hervor und machte sich über das verzweifelt zappelnde Unglück her. Das konnte nur noch röcheln: „Spinne am Morgen bringt Kummer und Sorgen." Es war ein Spruch von der Mutter. Dann war es aus.

Nun zuckte es doch mitleidig auf den Lippen des kleinen Beobachters. Aber tapfer unterdrückte er einige Tränen, die sich mit aller Gewalt den Weg in die Freiheit bahnen wollten. Als er nachdenklich und verstimmt zu Hause ankam, erzählte er alles seiner liebevollen Mutter, und da konnte er die Tränen doch nicht mehr aufhalten.

Noch am gleichen Tag hatte er sich hingesetzt und den Aufsatz „Mein Ferienerlebnis", geschrieben; „schönstes" hatte er weggelassen!

Mit neuer Redisfeder-Kugelspitz für 5 Reichspfennige im roten Holzhalter, hatte er in kindlicher Schönschrift, mit einfachen Worten, so gut er es vermochte, ausgedrückt, was er erlebt hatte. Das, was ihn so schnell nicht loslassen würde. Er hatte in dieser „Beichte" zu verstehen gegeben, wie traurig er darüber war, den armen Heuhüpfer nicht befreit zu haben. Sehr lange hatte er über dem Aufsatz gesessen und gebrütet, sodass der rote Federhalter am Schluss vom vielen Denken ganz fransig gekaut war und einem dünnen Pinsel glich. Er hatte sich damit all seine Traurigkeit vom Knabenherzen geschrieben.

Dann kam der Tag, an dem die Aufsatzhefte zurückgegeben wurden. Plötzlich stand der Lehrer neben ihm, warf ihm das Heft auf den Pult und versetzte ihm zwei Ohrfeigen. Gleichzeitig brüllte er: „Wer hat den Aufsatz gemacht?!"

Der Neunjährige wusste nicht, wie ihm geschah. Doch dann begriff er. Er schoss zornentbrannt hoch, und jagte dem Pädagogen den zerkauten Federhalter mit der Redis-Kugelspitz in die Hand. Dieser brüllte auf wie ein gemischter Chor – in stereo. Und wie von Furien gehetzt rannte der kleine „Schriftsteller" aus der Klasse nach Hause. Der Fall kam vor den Rektor, der, nach gewissenhafter Prüfung der Angelegenheit, den jungen Rebellen in Schutz nahm.

Ja, das war da oben. Im 1. Stock, in der 4a ... – Chronus muss lächeln, als er an diese Episode denkt.

Der Lehrer und er hatten sich bald darauf gegenseitig verziehen und dann ausgezeichnet verstanden. Auf der Rollbahn nach Minsk fand dessen schönes Soldatendasein ein jähes Ende, als er einen schwerverwundeten Kameraden aus dem Feuer holen wollte ...

1 solche Texte veröffentlichte Werner Schmitz um 1972 in der „Bornheimer Brücke".

Oben: Der zweite Sohn, 1. Juni 1967
Seite 51: Seckbacher Schüler, um 1962
Seite 52: Seckbacher Schule, um 1960

Der erste Sohn, 1960

SPD-Veranstaltung im April 1967,
der spätere Kanzlerspion
Günther Guillaume

Losverkauf, um 1963

Baustelle auf der Ost-Zeil,
August 1978

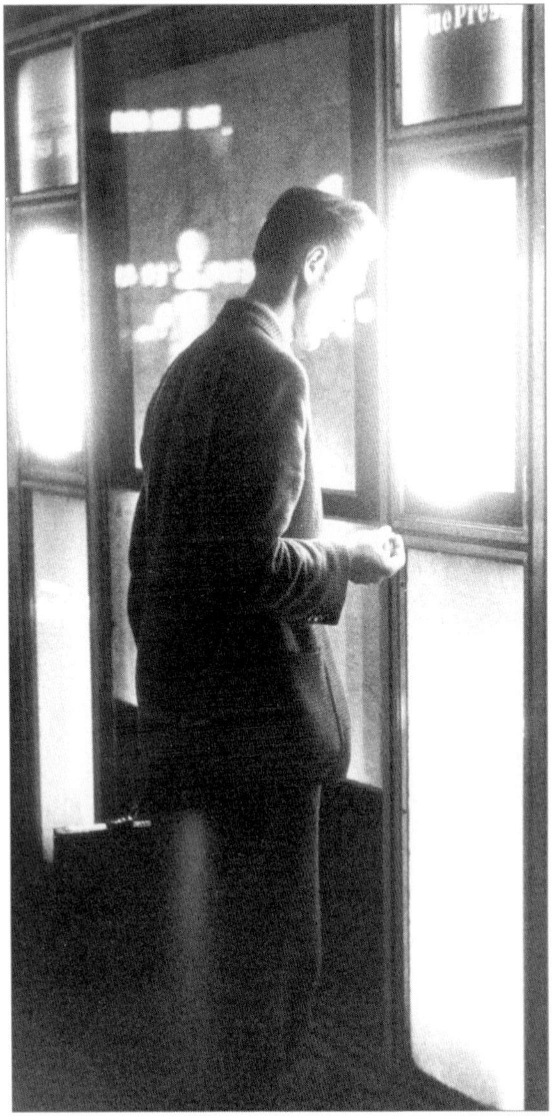

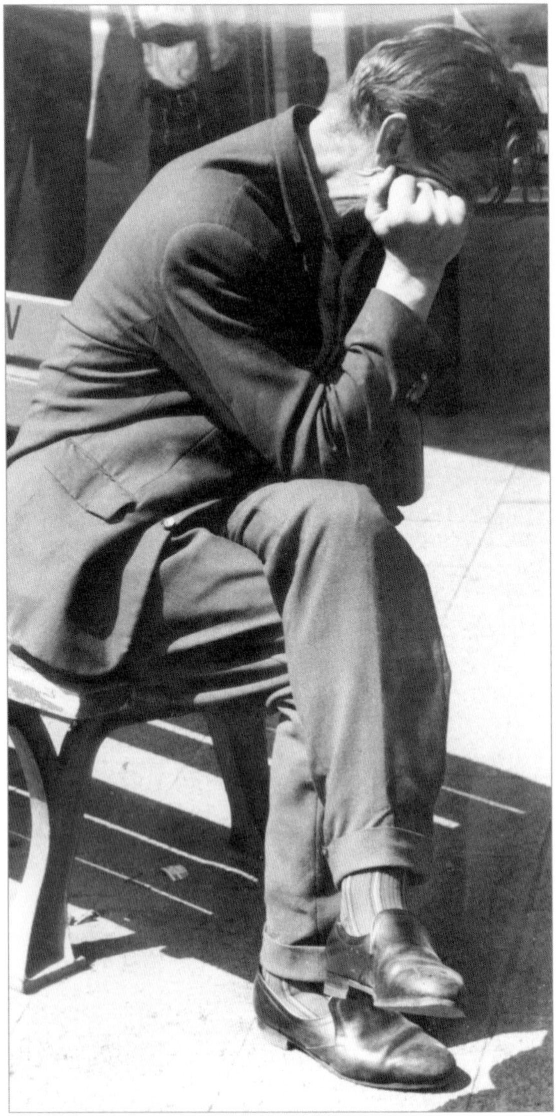

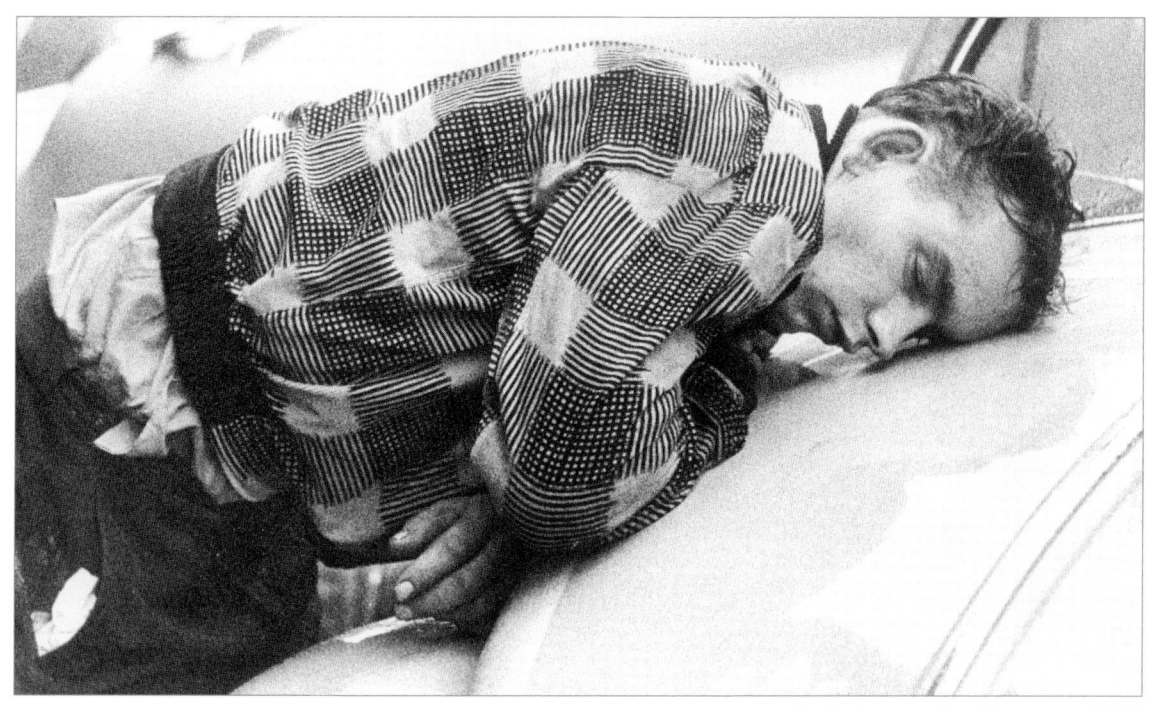

Parkplatz vor dem Dom, um 1955

Seite 58 links: Im Hauptbahnhof, April 1957
Seite 58 rechts: An der Hauptwache, um 1962

Zeil (vor Kaufhaus „Hansa", später „Hertie") um 1955 – der Fotograf wird gespiegelt

Kaiserstraße, März 1956

62

Am Eschenheimer Tor, um 1958

Seite 62: Berger Straße, 4. September 1965

Frankfurter Motive im Rückspiegel,
um 1962

Neonazis an der Hauptwache, 12. Januar 1980
(diese Bilder wurden überregional veröffentlicht, auch in „Stern" und „Spiegel")

Ein bisschen Trost[1]

Oktober 1938. Der Sommer war vergangen. Juden wurden aus ihren Häusern vertrieben, Synagogen brannten. Wir Hitlerjungen gingen dort hin. Meiner Mutter war das nicht recht. In der Habsburger Allee, zwei Häuser neben uns, stand ein graues Haus, in welchem fast nur Juden wohnten und das wir alle frankfurterisch „Juddeborsch", „Judenburg", nannten. Camilla Stern, ein kleines Judenmädchen, wohnte dort. Im gleichen Hause auch Delorme, ein SS-Mann, der stets die Totenkopffahne aus dem Fenster hängen ließ.

Die mit mir gleich alte Camilla, die ich mochte, und die mir mit ihren schwarzen Augen so gut gefiel, so dass ich sie mit meinen zehn Jahren am liebsten umarmt hätte, kam mit ihrer Mutter daher. Sie schob einen Puppenwagen, eine Tafel Schokolade darin. Meine Zuneigung schlug plötzlich in den den Hitlerjungen indoktrinierten Hass auf die Juden um. Ich, in HJ-Uniform, zerbrach die Schokolade, warf sie aus dem Wagen und zertrampelte sie.

Noch heute höre ich die kleine Camilla weinen. Mir tat es sofort selbst weh ... das kleine Mädchen, das mir doch eigentlich so gut gefiel! Ich glaube, sie haben es später noch geschafft, nach New York zu fliehen. Es standen Möbelwagen vor dem Haus.

In Julius Streichers Stürmer, der auch ein Lokalblatt hatte und in Sonderschaukästen aushing, hieß es: „Das Judengesindel in der Habsburger Allee flieht nun endlich!" Meine Mutter hatte eine große Abneigung gegen das Blatt. Sie sagte immer zu mir: „Hitler ist ein Verbrecher!"

Frau Stern fasste kurz nach dem Vorfall Mut, zu meiner Mutter zu gehen, um mit ihr über die zerbrochene Schokolade zu reden. „Wir sind Juden", hörte ich sie sagen, „und ich habe den Eindruck von Ihnen, dass Sie gut sind, sonst wäre ich gar nicht hier..."

Ich verschwand beschämt und wartete im Hof, bis Frau Stern wieder ging. „Es tut mir leid", sagte ich, als sie an mir vorüberkam. Sie strich mir übers Haar. Mir war zum Weinen zumute, ich kam mir wie ein böser Mensch vor, nie wieder würde ich so etwas tun. Meine Mutter verurteilte die Tat. Mein Kummer war groß, am liebsten hätte ich alles ungeschehen gemacht.

Als dann die Synagogen brannten, die Geschäfte zertrümmert und geplündert, die Menschen aus den Häusern geprügelt wurden, war es mir ganz eigenartig ums Herz geworden. Ich dachte immer an die kleine Camilla.

Dann waren die Sterns weg.

Ich möchte sie gerne wiedersehen, sie um Verzeihung bitten, die kleine Camilla von 1938.

1 Aus dem schriftlichen Nachlass, Textstelle aus seinem Buchmanuskript

Oben: Grüneburgpark, November 1981
Seite 66: Vor der Katharinenkirche, Dezember 1982

68

Seite 68: Der junge Werner
Schmitz vor dem
Eschenheimer Turm,
um 1953

Katharinenkirche, um 1962

Am Römer, um 1960

An der Hauptwache, die Eile der Fußgänger, um 1955

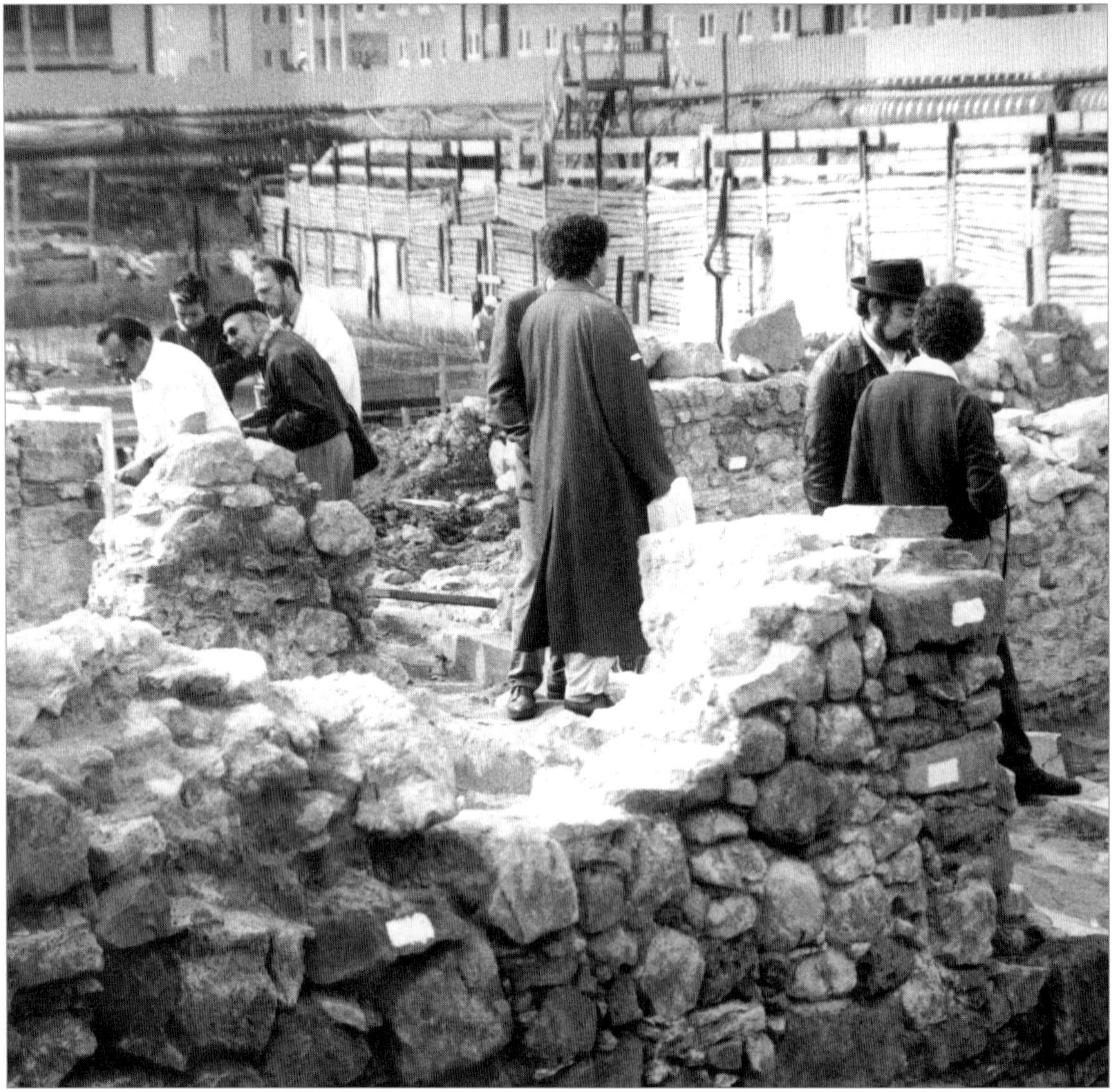

Rex Spiritus[1]

15 Jahre war ich jung und indoktrinierter Hitlerjunge. Maria war bei dem BDM, wir kannten uns schon seit der Kindergartenzeit. St. Bernardus hieß der Kindergarten, wir waren gerade fünf, lebten im gleichen Haus in der Lenaustraße, mochten uns, waren unzertrennlich, selbst unsere Mütter hatten sich angefreundet.

Eben, beim Heulen der Sirenen, sah ich Maria mit ihren dunklen Locken vor mir, sie sang „Drunten im Carolensee" mit einer silberhellen Stimme und einem schelmischen Lächeln. Selbst als wir in einen anderen Stadtteil Frankfurts zogen, verloren wir uns nicht aus den Augen.

Am 4. Oktober 1943 schwänzten wir ganz impulsiv, ohne weitere Überlegung, die Schule. Dieser schöne Tag, ein goldener Oktobermorgen, war nicht geeignet für das düstere Klassenzimmer und Pythagoras. Beide fühlten wir eine tiefe Zuneigung und gingen Hand in Hand über die Bertramswiese, wo sich heute der Hessische Rundfunk befindet. Dort umfriedete eine etwa einhundert Meter lange Mauer aus gelbem Klinker das Gelände. Die bestimmt zwei Meter hohe „Inseratenmauer" trug ohne Ausnahme, Stein für Stein, Gravuren. Die Botschaften waren für die Ewigkeit in den hartgebrannten Klinker gekratzt.

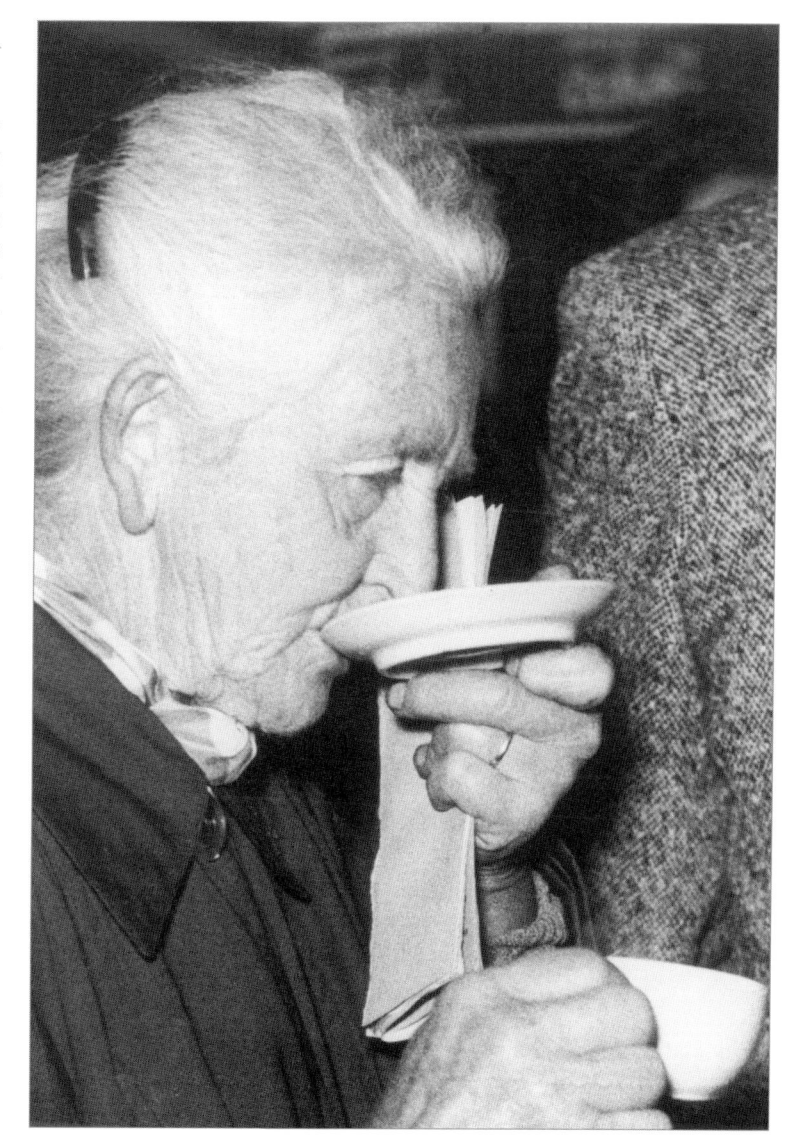

Der älteste Eintrag, den ich kannte, stammte von 1905, auch SS-Runen und Hakenkreuze befanden sich darunter, aber die meisten Inschriften stammten von Verliebten. An jenem Tage trug ich stolz meine HJ-Uniform mit dem Ehrendolch. Mit diesem versuchte ich meine Gravur vorzunehmen, aber er brach dabei ab. „M. L./W. Sch." hatte ich gerade geschafft. Um 10.45 Uhr verkündeten die Sirenen Vollalarm, bald darauf folgte ein immer stärker werdendes Brummen. Da kamen Sie! B17, Flying Fortress, Fliegende Festungen und ein Pulk B24 Liberator.

Sie schwenkten ein, die Sonne im Rücken. Und wir wussten nicht wohin, kein Luftschutzraum weit und breit. Die Bomber flogen verhältnismäßig tief und sie sahen gespenstisch aus, diese silbernen und olivgrünen viermotorigen „Vögel des Todes". Darunter waren, dreißig Jahre danach notiere ich mir das, zwei völlig schwarz gestrichene Fortress... Es folgte der erste der schweren Luftangriffe auf Frankfurt. Von den Haarspitzen bis tief hinein in die Fußzehen spürten wir das vibrierende Röhren ihrer Motoren. Es lähmte das Schlagen unserer Herzen und ließ uns erstarren.

Marie sagte plötzlich sehr ernst: „Mir wird bange vor der kommenden Nacht. Vielleicht wird das unser letzter Tag sein."

Wir kannten die Taktik, bei Tag kam die US-Luftflotte und warf Sprengbomben und Luftminen und nachts die Royal Airforce mit Spreng- und Brandbomben. Stabbrandbomben aus Schüttkästen und Phosphorbomben, mit einem Gemisch aus gelbem Phosphor und Kautschuk-Benzol. Beim Bersten flog die brennende Kautschuklösung überall herum und der gelbe Stoff entzündete sich sofort an der Luft. Nach dem Bombenabwurf über Heddernheim, dort befanden sich Kupferwerke, war die Oktobersonne verschwunden, es roch nach Brand. Oberleitungen der Straßenbahnen hingen herunter, es wurde überall eifrig gearbeitet, die Nacht, die vielleicht schlimme Nacht, stand bevor.

Um neun Uhr abends heulten die Sirenen, es gab gleich Vollalarm, 400 Bomber, die sehr schnell auf Frankfurt zukamen. Erst steckten die Flieger grüne Kaskaden ab. Abgesteckte Ziele, die „Christbäume" genannt wurden.

Ich dachte an Maria ...

Der Abendangriff kam also tatsächlich, und ich war Melder, hatte Brände zu melden. Befehlsstand Bornheim, Berger Straße, St. Josephskirche. In Abständen von Sekunden krachten Sprengbomben. Welle auf Welle überflog Frankfurt. Neue Einflüge, die Flak schoss Feuergürtel, Flaksplitter rechts und links. Ich rannte los, mein Stahlhelm war viel zu groß, er wackelte auf meinem Kopf. Hatte ich Angst? Ich wusste es nicht. Überall war außer SA auch noch die HJ im Einsatz, in der Befehlsstelle meldete ich, Haltung einnehmend: „Schwerer Dachstuhlbrand, Seumestraße 11"

Ein älterer Mann, der den ersten Weltkrieg schon mitgemacht hatte, fragte: „Wie bist du denn überhaupt durchgekommen, Junge?" Und ohne zu warten, fuhr er fort: „Wir geben deine Meldung weiter, aber die Feuerwehr kommt nicht durch. Gestern waren sie in Kassel." Der Mann, ein väterlicher Typ, reichte mir freundlich eine Flasche. „Trink erst einmal einen Schluck, dann wird dir besser." Die farblose, scharf schmeckende Flüssigkeit brannte mir in der Kehle.

Auf einmal fiel mir Maria ein: „Mir wird bange vor der kommenden Nacht." „Ich muss weg", sagte ich, und dachte — weiter, zur Lenaustraße, — Maria, Maria!

Das scharfe Zeug hatte mir gut getan, ich raste los und war bald angekommen, noch fielen Bomben, da roch ich es schon, Phosphor, Brandgeruch, und sah es auch, nur noch ein Trümmerhaufen ...

„Maria!", rief ich. „Maria!", schrie ich und wollte mich auf den brennenden Berg stürzen. Drei Männer vom Bergungskommando hielten mich zurück.

„War das euer Haus?"

„Nein, nein, aber das meiner Freundin!", begann ich zu schluchzen.

Man gab mir wieder etwas zu trinken. Irgend ein Kirschlikör mochte es gewesen sein, ich setzte an und soff in mich hinein, vor dem brennenden Grab. Alle Angst verflog. Ich hatte das ganze Inferno nicht mehr wahrgenommen, aber die innere Wärme breitete sich aus. Später wurde mir klar: Vieles begann hier für mich.

Über den blutroten Himmel strichen die Scheinwerfer, sie hatten einen Bomber im Scheinwerferkreuz, der manövrierte verzweifelt in Korkenzieherspiralen. Dann zog er wieder hoch, um kurz darauf von der Flak getroffen zu werden, er barst, hoch oben am Himmel. Funken flogen weit nach allen Seiten.

1 Aus dem schriftlichen Nachlass, Textstelle aus seinem Buchmanuskript

Oben: Vom Eisernen Steg, um 1953
Seite 72: Börneplatz, das „Juden-Bad", was bleibt erhalten? 10. September 1987
Seite 73: Erste „Stehcafés", um 1956
Seite 74: Kaiserbrunnen, um 1962
Seite 75: Parolen der Startbahn-West-Gegner, Zeil, 29, Juni 1985

Exhumierung der Vergangenheit[1]

Im Juni 1970 begann ich mit dem Schreiben meines Tagebuchs, ET-MAL[2], mit einer mechanischen Schreibmaschine. Sehr gewissenhaft, sogar minutiös, schrieb ich alles auf, was mir Freude, aber auch Leid war. Die Jahre vergingen, die Anzahl der Bände wuchs. Meine Texte wurden aber mehr als nur ein reines Tagebuch: Meine „Unterwegs"-Gedanken, mein Reifungsprozess, die Befreiung vom Alkohol, meine Kurskorrekturen und die Entwicklung meines „Esoterischen-Holas", der Begriff „Transzendente Koordination" zu Zufällen, meine ganze geistige Entwicklung. All das fand Platz in großen Ordnern. Und je mehr es wurden, je wertvoller mir meine Überlegungen vorkamen, um so mehr beunruhigte mich der Gedanke, wie ich dies alles einmal thematisch selektieren könnte, abrufbar, zum Bearbeiten. Es sollte ja ein Buch daraus werden. Es war ein Sediment verschiedener Korngrößen. Grobkorn und Schwebeteilchen, die beim Aufrühren die klare, überstehende Lösung trübten. Es war ein „fraktioniertes" Aufarbeiten. Eine echte Therapie, und als eine solche betrachtete ich das alles zunächst. Wenn dabei, vielleicht in einigen Jahren, ein Buch daraus werden sollte, würde es gut sein.

Wenn nicht, dann war das Schreiben eine wirkliche Therapie gewesen. So war das mit meinem Fotobuch[3] auch. Es war plötzlich fertig gewesen. Zielstrebig, aber unverkrampft hatte ich daran gearbeitet. 1990 erschien es dann.

Die Jahre vergingen. Es wurden so viele Ordner, dass ich einen Teil von ihnen, die 70er Jahre, in einem Regal auf dem Dachboden unterbringen musste. Die Angst vor dem bekannten „aus den Augen aus dem Sinn"-Effekt überkam mich immer wieder, und die Angst davor, dies alles einmal zu verlieren.

Die Ordner der 80er Jahre standen in meinem Zimmer in einem Regal. Immer wenn ich auf dem Dachboden zu tun hatte, griff ich mir einen der 70er Bände, las diagonal, und immer wieder wurde mir bange: „Das alles kann ich nicht nur so in den Bänden ruhen lassen, ich muss sie alle durcharbeiten, Inhaltsverzeichnisse machen!" Es schmerzte, dies alles nochmals lesen zu müssen, mein Wille und die Gewissheit, dies erneut aufzuarbeiten, belastete mich sehr. So fertigte ich zunächst Registrierbögen und begann mit sporadischen Eintragungen immer dann, wenn ich in einem der Bände unsystematisch las.

1988 hielt ich es nicht mehr länger aus. Ich fühlte, dass ich das jetzt intensiv angehen musste. Ein Schreibmaschinencomputer, den ich 1988 in einem Schaufenster sah und mir erklären ließ, hatte es mir angetan. Es dauerte noch fast ein Jahr, bis ich mir ihn leistete. Das war dann aber doch nur eine Übergangslösung, denn mir wurde bald klar, dass ich einen richtigen PC mit Festplatte brauchen würde. Trotz einer gewissen Abneigung gegen Computer, bestellte ich mir schließlich dennoch einen. Nun konnte es losgehen!

Es war an einem Samstagnachmittag, dem 29. Juni 1991, die psychische Kraft, meine innere Stimme, mahnte: „Fange jetzt sofort an. Mit dem 1. Band, dem Jahre 1970. Jetzt muss System rein!"

Ich hatte aber auf meinem Klappbett gelegen, der Ruhe bedürfend. Zunächst siegte die Abwehr. „Morgen!" – „Jetzt, sofort gehst du dran, die Zeit ist reif!!", kam der Imperativ von oben. Nebenbei bemerkt, ich hatte Tage zuvor die 70er Bände wieder vom Dachboden geholt, 23 Leitzordner waren das. So erhob ich mich, stand auf, nahm den Band 1970 und blätterte ihn durch. Mir wurde bange. Und dann fiel mein Blick auf die anderen Bände, 1980 bis 1990. Insgesamt 45 Leitzordner! Das alles wollte ich mit dem PC abschreiben? Das war Wahnsinn. Wie lange würde ich dafür brauchen? Ich schätzte die benötigte Zeit auf mindestens 3, 4, wenn nicht gar 5 Jahre. Dann würde ich ja 68 Jahre alt sein. Aber ich begann. Erst zögernd, dann zielstrebig. Was ich vorhatte hieß, einen „Mount Everest" besteigen zu wollen. Also, erst gar nicht hochsehen, sondern Schritt für Schritt hochsteigen. In Spiralen. Seite für Seite gab ich ein, im Originaltext. Wichtiges selektierte ich noch einmal thematisch, speicherte gesondert ab. Blöcke. Meine elektronischen Registrierblätter. Zu Anfang schaffte ich rund 7 Seiten pro Tag. Es war ja nicht nur das Abschreiben... Ich erlebte alles noch einmal. Diese „Realität quo ante". Über 20 Jahre

Tagebuch, DIN A4, Schreibmaschinenseiten. Etwa 17 000 Seiten lagen vor mir, ein sehr diszipliniertes Arbeiten. 2x7 Stunden am Tag.

Das sah etwa so aus: Am Abend um 22.30 Uhr begann ich und schrieb mit 2x10 Minuten Pausen durch bis gegen 5.30 Uhr am Morgen. Ich bin ohnehin ein Nachtmensch. Gegen 9 Uhr war ich dann in der Innenstadt, machte dort meine Besorgungen und war um 10.15 Uhr wieder zu Hause. Dann sofort: Computer einschalten und weiter. Bis am Nachmittag gegen 17.30 Uhr.

Ich erlebte nun alles noch einmal, aber intensiver als die damaligen „Augenblicke". Die Erinnerung ging tiefer als die Realität des Augenblicks. Ich war beim Schreiben der Vergangenheit wieder mitten in ihr, es war wie das Aufrühren eines Sediments. Für vieles schämte ich mich dabei im Nachhinein, konnte es nicht mehr nachvollziehen. Und auch all das, was ich am liebsten für immer vergessen, verdrängt hätte, schrieb ich hinein, und wäre oft am liebsten vor Scham im Erdboden versunken. Ich arbeitete dennoch am Text Tag für Tag. Aber ich wusste ja, es ist die „Vollkommenheit des Augenblicks" im zielgerichteten Schöpfungsablauf dessen, den wir „Gott" nennen. Alles, was geschieht, ist ein Manifest von dem, was latent schon längst geschehen ist. Determination jenseits von Raum und Zeit. Zufälle? Es gibt sie nicht. Ich nenne sie seit 20 Jahren „Transzendente Koordinaten".

Mein Tempo wurde schneller, ich bekam Routine und brachte es bald auf 35 Seiten pro Tag. 2 Jahre und 20 Tage benötigte ich für das Abschreiben sämtlicher ETMAL-Tagebuchbände.

Im Zeitraum vom 29. Juni 1991 bis zum 19. Juli 1993 schrieb ich in diesem Rhythmus diszipliniert, aber wie oft hatte ich gedacht: „Wozu das alles? So etwas kann doch nur ein Verrückter tun!"

Als ich die letzte Seite abgeschlossen hatte, überfiel mich eine Art wohlige Schwäche mit Schüttelfrost. Ich hätte laut schreien mögen. Dann rief ich meinen Freund an. Es war am Morgen des 19. Juli 1993, gegen 8.20 Uhr, und frohlockte: „Es ist geschafft, Manfred! Und am liebsten würde ich jetzt vor Freude zum Treppenhaus herunterpissen!" Er lachte und riet: „Dann mach das mal gleich zuerst!"

Diese Prüfung war bestanden und ich tat erst einmal gar nichts mehr. Ich ließ mich „assoziativ treiben". Mein City-Unterwegs wurde wieder intensiver... doch es muss weitergehen.

1 Aus dem schriftlichen Nachlass (um 1994)
2 siehe Vorwort
3 az-Verlag, Frankfurt, 1990

Oben: Demonstration gegen Nazi-Buchladen, Hartmann-Ibach-Straße, 21. März 1981
Seite 77: Bornheim, um 1959
Seite 78: Hauptwache, um 1962
Seite 79: Zeil, Mai 1979

Vor der Zentrale der
Nassauischen Sparkasse, 1982

März 1979

Bahnhofsviertel, September 1982

Berger Straße, September 1965

SPD-Kundgebung, 3. Oktober 1980

Zeil, 2. August 1980

Zeil, 5. Januar 1988

Zeil, Tierschützer-Stand,
September 1983

Zeil, 30. Juni 1980

Demonstration in der Innenstadt, 6. März 1988

Hauptwache, 3. August 1984

Frankfurt baut, Konstablerwache, um 1956

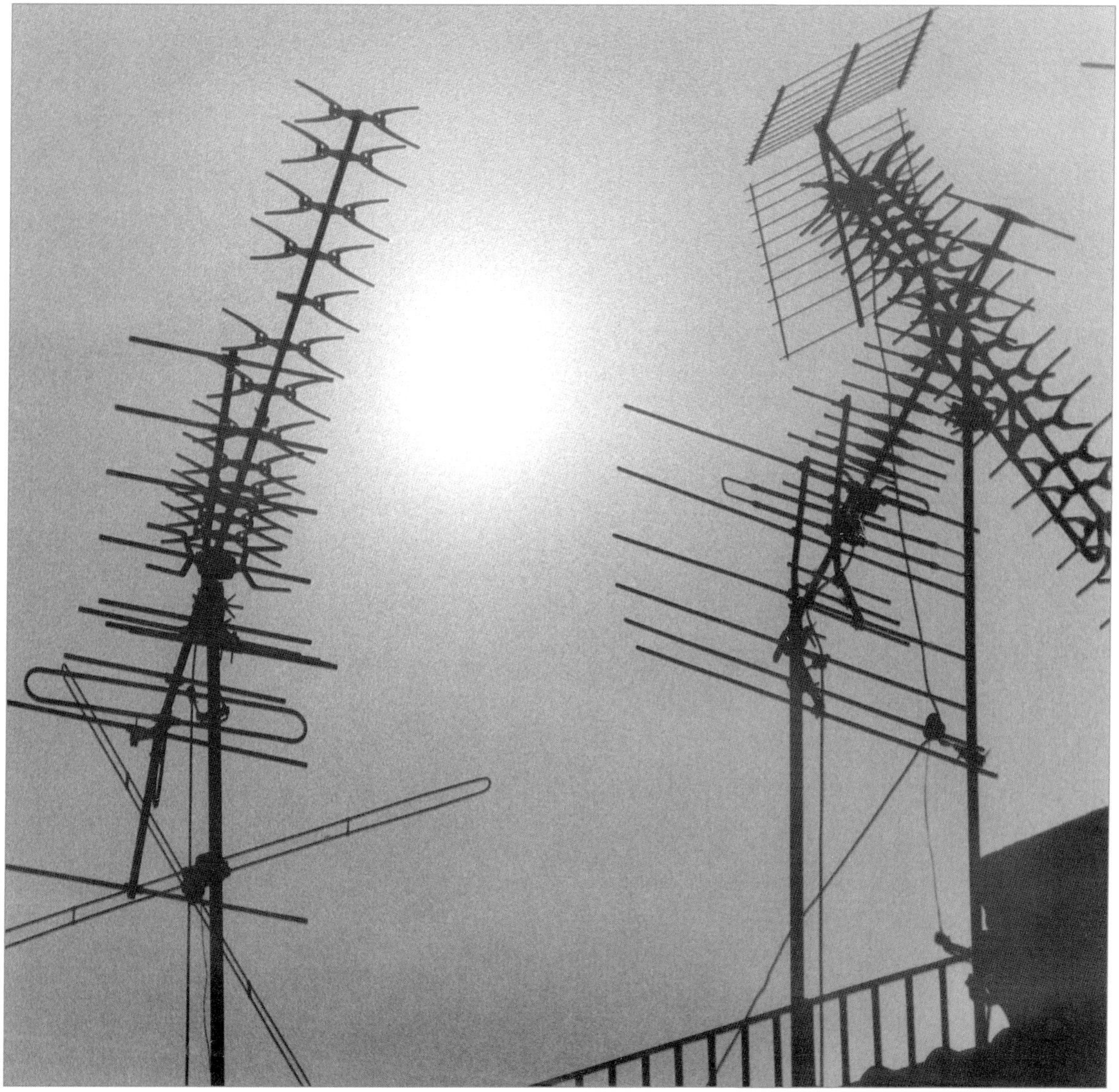

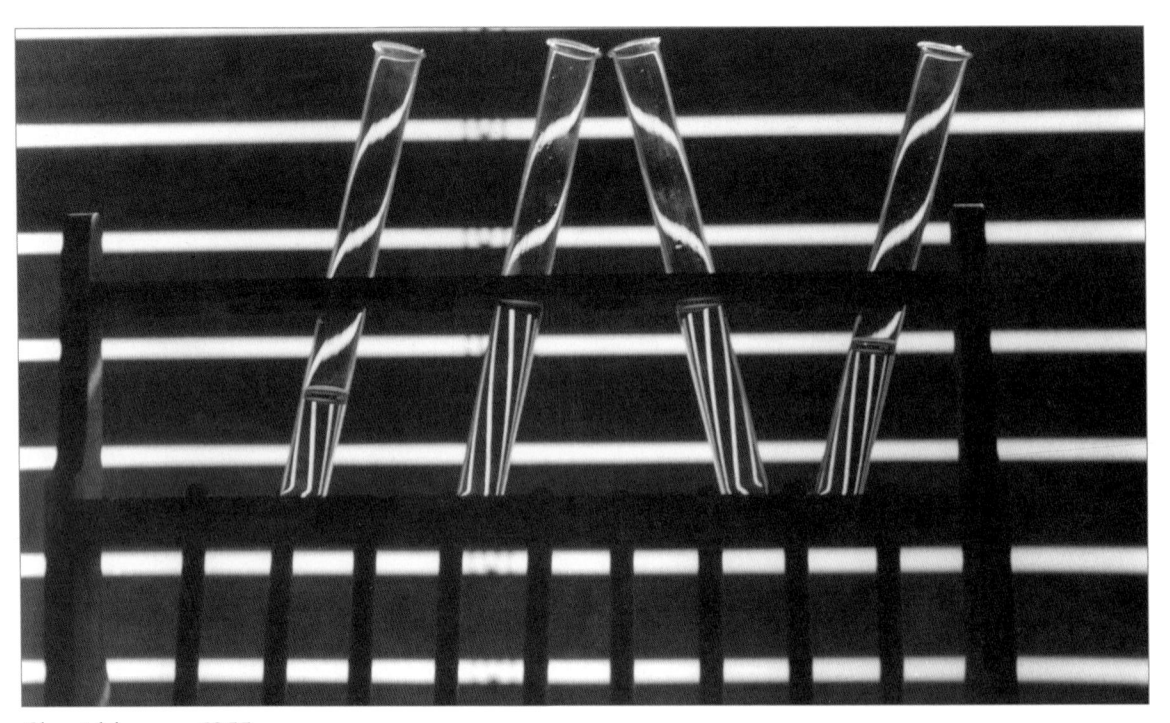

Chemielabor, um 1955

Seite 93: Über den Dächern Bornheims, April 1982

94

Text von Hans Henny Jahnn, November 1983

Hauptwache, B-Ebene, 1980

Nähe Zeil, 6. Juli 1983

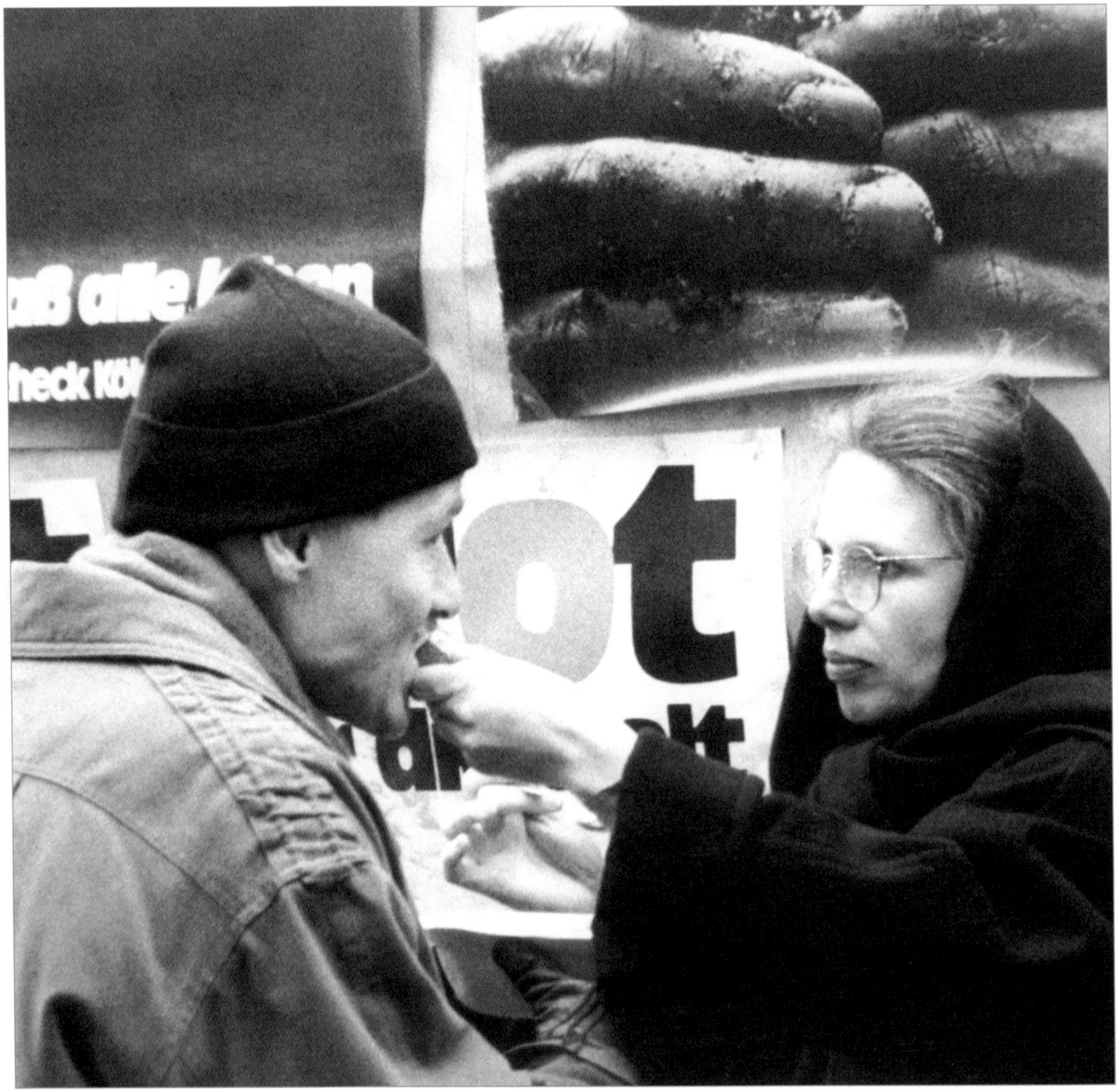

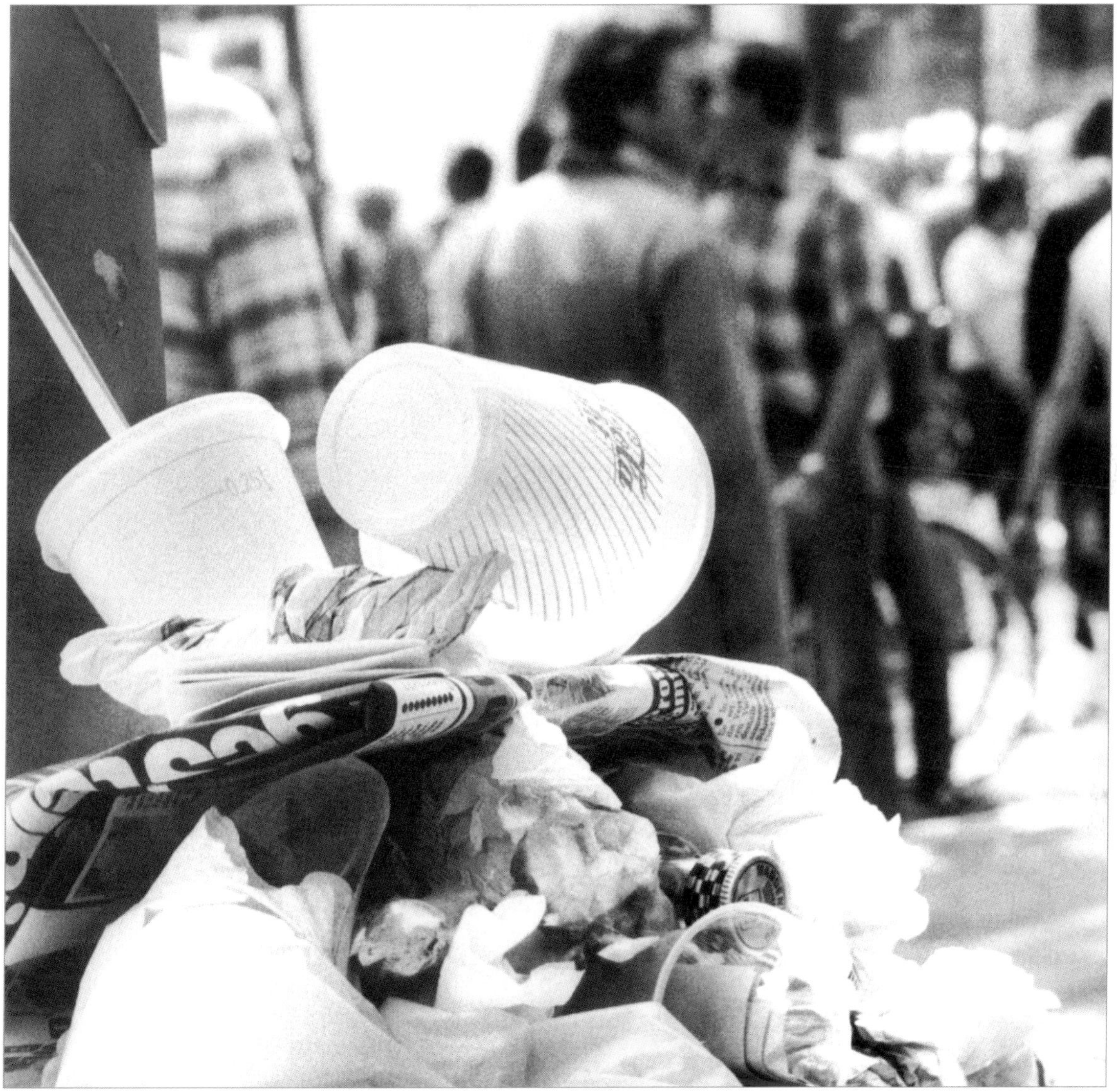

Seite 98: Zeil, 23. Dezember 1987
Seite 99: Am Samstag auf der Zeil,
4. Juli 1983

Polizei-Unfall am Goetheplatz,
3. Mai 1980

Justizia, „Hochzeit" der
Terroristenbekämpfung,
Demonstration vom 22. Mai 1976

Europawahl, 15. Juni 1984, Bundeskanzler Kohl tritt auf

Diskussion am Rande, Atomkraftgegner und -befürworter am 7. April 1979, links Daniel Cohn-Bendit

Oberbürgermeister Wallmann und Helmut Kohl als Wahlkämpfer in Frankfurt, Herbst 1983

U-Bahn-Unterführung, 18. September 1984

Zeil, November 1980

Demonstration der „Islam-Union",
vor dem alten C&A, 14. Mai 1988

Neue Kräme, Mitglieder der religiösen Sekte, Hara Krishna, April 1979

Zeil, September 1987

Schillerstraße, 6. Oktober 1979

Zeil, April 1982

Zeil, 13. Juli 1984

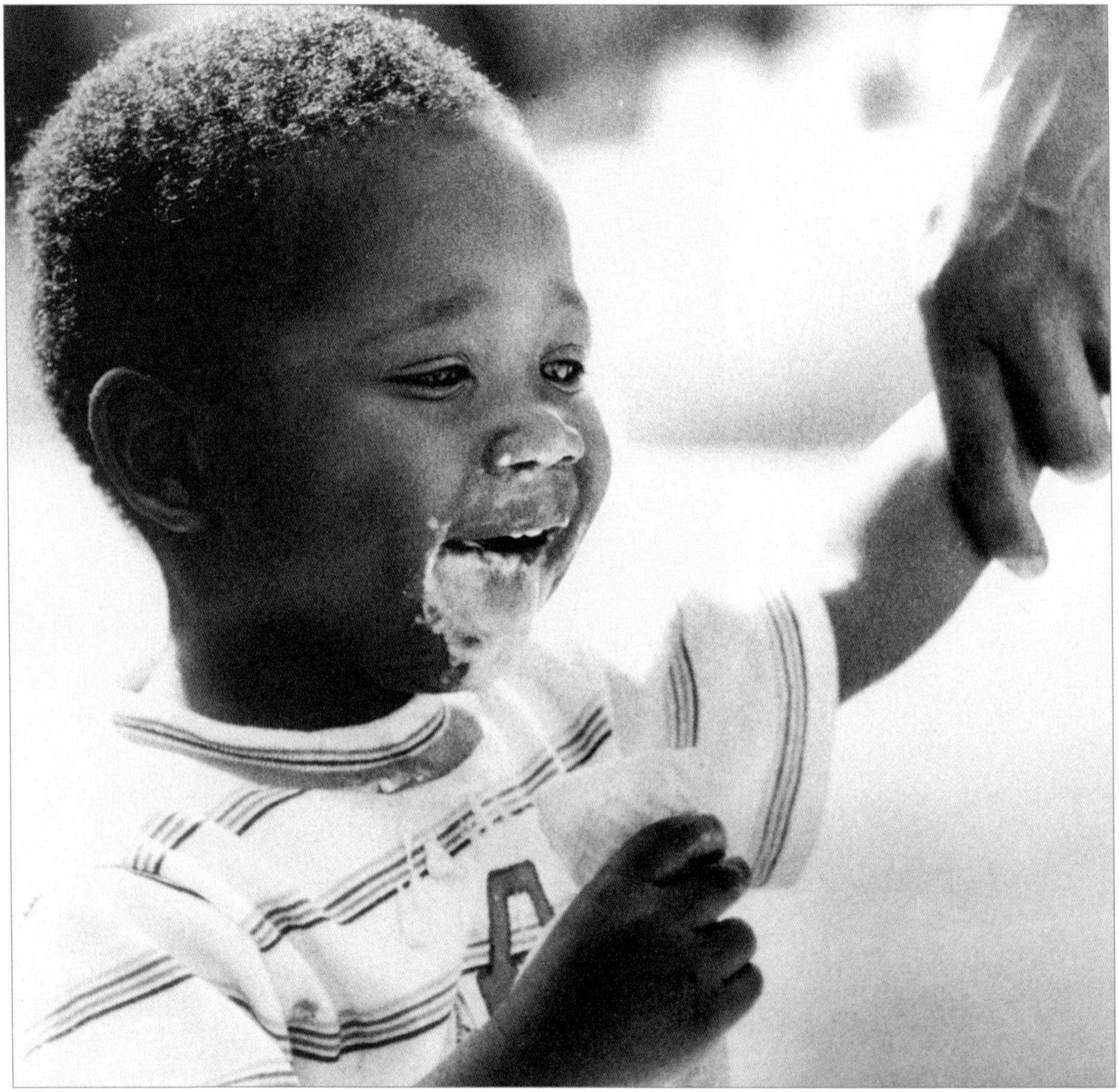

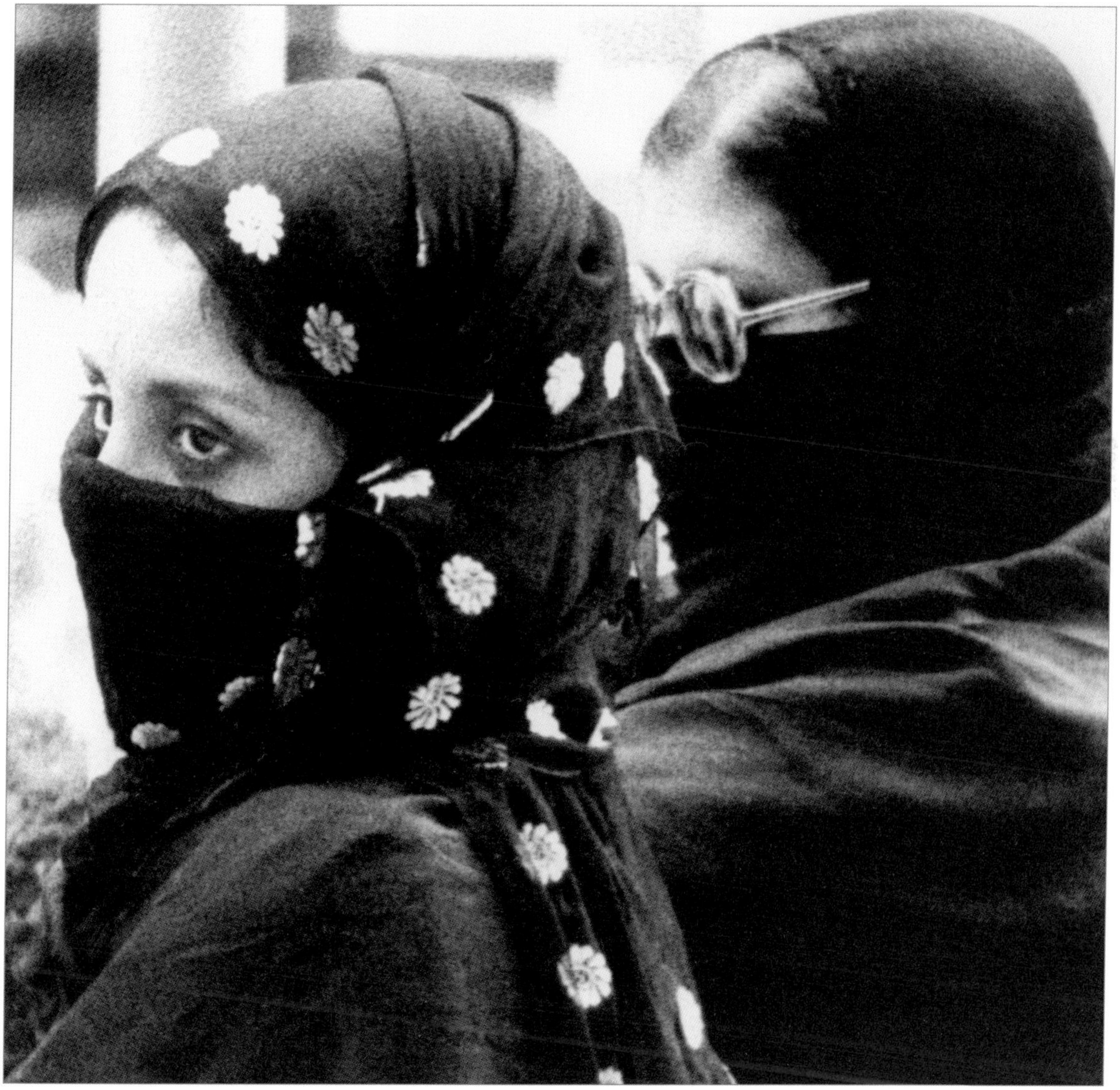

Seite 112: Zeil, 7. Juli 1984
Seite 113: Beim Richtfest, Feier auf dem Römerberg, 14. August 1982
Seite 115: Bau der Deutschen Bank vom Opernplatz aus, September 1981

Brunnen auf der Zeil, 8. Oktober 1983

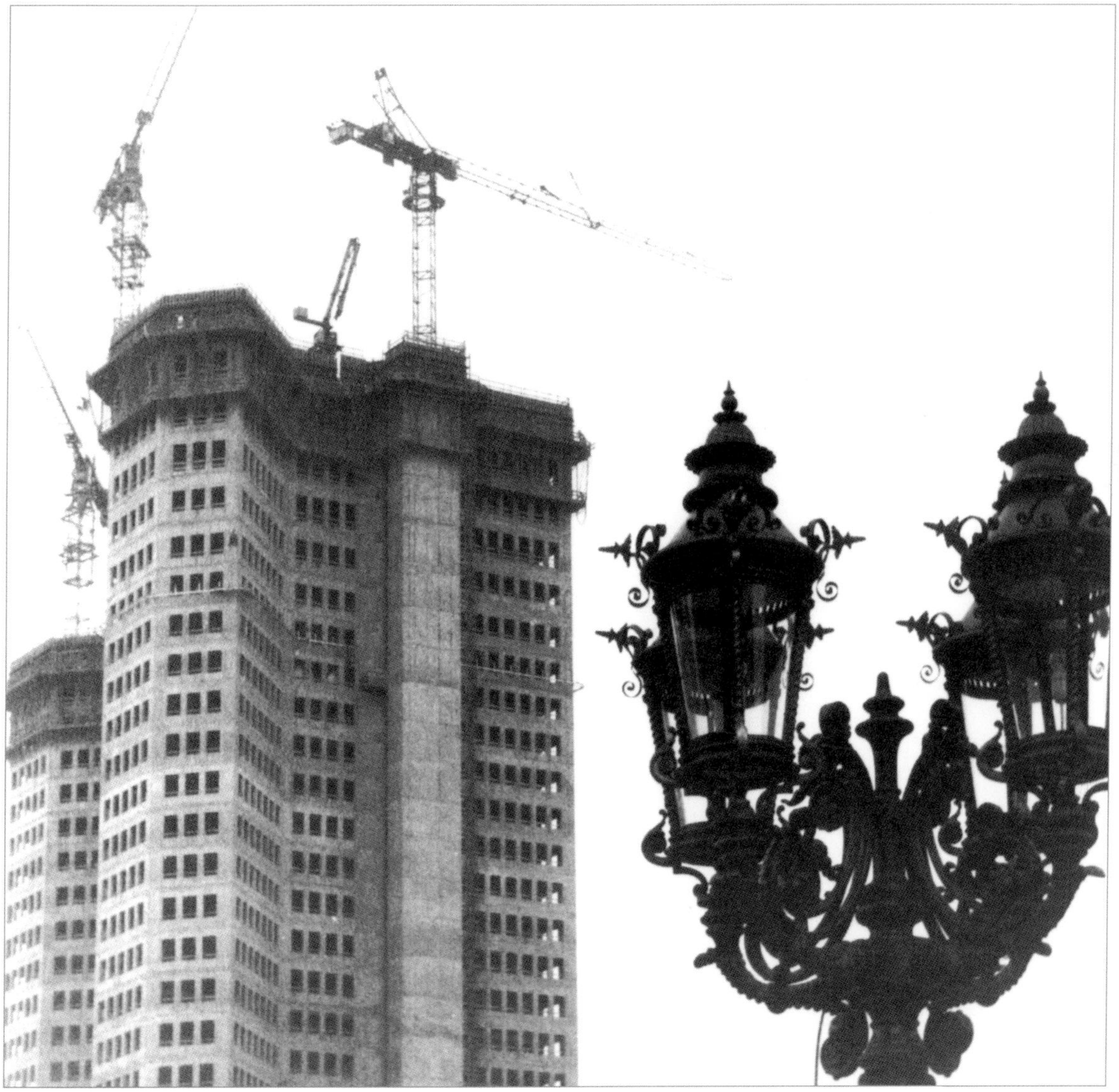

Und plötzlich war es Herbst...

Er wollte es nicht wahrhaben, dass er selbst schon im Herbst war, denn der Frühling war so schön gewesen, und der Sommer war so sanft und zärtlich in den Herbst geschlichen. So zart, so unmerklich, so glücklich lächelnd war der Übergang gewesen.

Aber ganz leise fallen die Blätter nun doch. Auch senkt sich schon seit Tagen ein feiner Nebel über die Erde und hüllt sie ein, so dass es anmutet, als läge die ganze Welt unter einem zarten, durchsichtigen Negligé aus gewebtem Tau. Alles sieht jetzt so unwirklich und traumhaft aus. In den Gärten blühen die Dahlien und die Astern. Und die stolzen Sonnenblumen. Und die Feuerbohnen. Und auch noch die letzten, späten Rosen. Wenn die Sonne den Nebel durchbricht, so liegt eigenartiger, matter Glanz über all dem, was noch ist. Über dem, was noch wächst und sprießt. Und auch über dem, was morgen nicht mehr sein wird.

Wo sind denn nur die Schwalben geblieben? Er vermisste sie plötzlich, bei seinem Spaziergang durch Bornheim. Wo sind sie denn, die Tiefstflieger, die anmutigen Geschöpfe, die vielbesungenen Mauersegler, die noch gestern durch Bornheims Straßen und Gassen gejagt sind ...?

Ganz leer kommen ihm die Straßen vor, ohne diese Vögel. Er blickt hinauf, zum pastellblauen Himmel. Aber da sind sie auch nicht.

Nur ein paar Tauben fliegen plump wie Möbelwagen dahin, um sich dann auf dem grauen Pflaster niederzulassen. Oder auf einem Bornheimer Dach.

Aber er hat sie auch lieb, die „La Palomas", die doch gar nichts dafür können, dass sie nicht so grazil und graziös sind wie ihre nun abgereisten Freunde, die immerzu in der Luft waren.

„Als ich Abschied nahm, als ich Abschied nahm, war das Herz mir so schwer – ! Als ich wiederkam, als ich wiederkam, war alles leer – !"

War es nicht erst gestern, da er dieses Lied gehört? Sie würden wiederkommen. Ganz bestimmt. Wie in jedem Jahr. Auch zu ihm! Und als er so rüstig und fast noch hochsommerlich dahinschreitet, liegt um sein Mund ein kleines Lächeln.

Er lässt einige Szenen aus seiner Maienzeit Revue passieren ... Ellen, Friedel, Marion, Renate, Karin, Monika ...

Ja, er war in seiner Maienzeit ein Luftikus gewesen. Eine Zeitlang hatte er sogar Tagebuch geführt. Bis es ihm dann doch zu viel geworden war. Und als dann Sommeranfang war, hatte er Inge kennen gelernt, und ihr zu tief in die Augen geschaut.

Ihr gemeinsamer Weg hatte sie dann in die „Eheschmiede" geführt, denn ihre Gefühle zueinander waren rein und echt gewesen. So, wie die goldenen Ringe an ihren Fingern, und dann war ein herrlicher Sommer gekommen. Der Sommer des Lebens mit all seinen Klimaten. Mit seinem spezifischen Auf und Ab; bisweilen von heftigen Gewitterstürmen begleitet, und es war die Sonne wieder hinter den Wolken hervorgekommen, und nach einigem Aufschluchzen, aber auch alle Tränen waren wieder getrocknet...

Ja, und nun sollte es plötzlich schon Herbst sein?

Im Prüfling, da, wo die Straßenbahnzüge ihren armen, heißgelaufenen Rädern eine kurze Kühlung gönnen dürfen, und wo auch der städtische, hochprozentige Starkstrom, der durch die nimmermüden Oberleitungsvenen fließt, sich ein wenig in den Gabeln dieser Schienensaurier ausruht, und – last but not least – wo sich die Besatzungen dieser Großraum-Archen eine viel zu kurze Zigarettenpause gönnen dürfen, liegt ein daumennagelgroßes Fleckchen Erholung, eingefasst mit roten Rosen. Die Menschen, die dort auf den Bänken sitzen, bedürfen gewiss ein wenig der Ruhe und der Beschaulichkeit.

Da kommt eine blutjunge Mutti mit einem schreienden Baby daher. Sie nimmt neben dem Mann auf der Bank Platz. Zärtlich hebt sie das kleine, schreiende Geschöpf aus dem hohen Kinderwagen heraus. Sie gibt ihm ein Fläschchen und flüstert dabei liebevolle Worte. Und während der kleine Erdenbürger, noch etwas schluchzend, saugt, küsst sie ihm die Tränchen weg.

Nachdenklich sieht der Mann auf der Bank die hübsche, glückliche Mutter an. Sie bemerkt das, wendet ihm ihr Gesicht zu und lächelt.

Auf einmal hat er das Gefühl: „Die kennst du doch. Irgendwo bist du der doch schon einmal begegnet. An wen erinnert sie dich denn so lebhaft? Ja, richtig. Das war es. Das war doch das Ebenbild von Renate, einer seiner Freundinnen, aus einer längst verflossenen Zeit ..."

Und noch einmal, ganz kurz, lacht ihm der verschleierte Mai durch den Herbstdunst zurück. Die Vergangenheit dreht sich noch einmal ein bisschen um ... „Verzeihen Sie bitte, haben Sie noch eine Schwester, die Renate Amon heißt?"

„Nein, eine Schwester habe ich nicht", antwortet sie freundlich und ahnungslos. „Aber meine Mutter heißt Renate, und Amon war ihr Mädchenname ..."

Da weiß der Mann auf der Bank, dass es nun auch für ihn Herbst geworden ist...

solche Texte veröffentlichte Werner Schmitz um 1972 in der „Bornheimer Brücke".

Seite 116: Zeil, Herbst 1983
Seite 118: Zeil, Oktober 1981
Seite 119: Ostpark, 1962

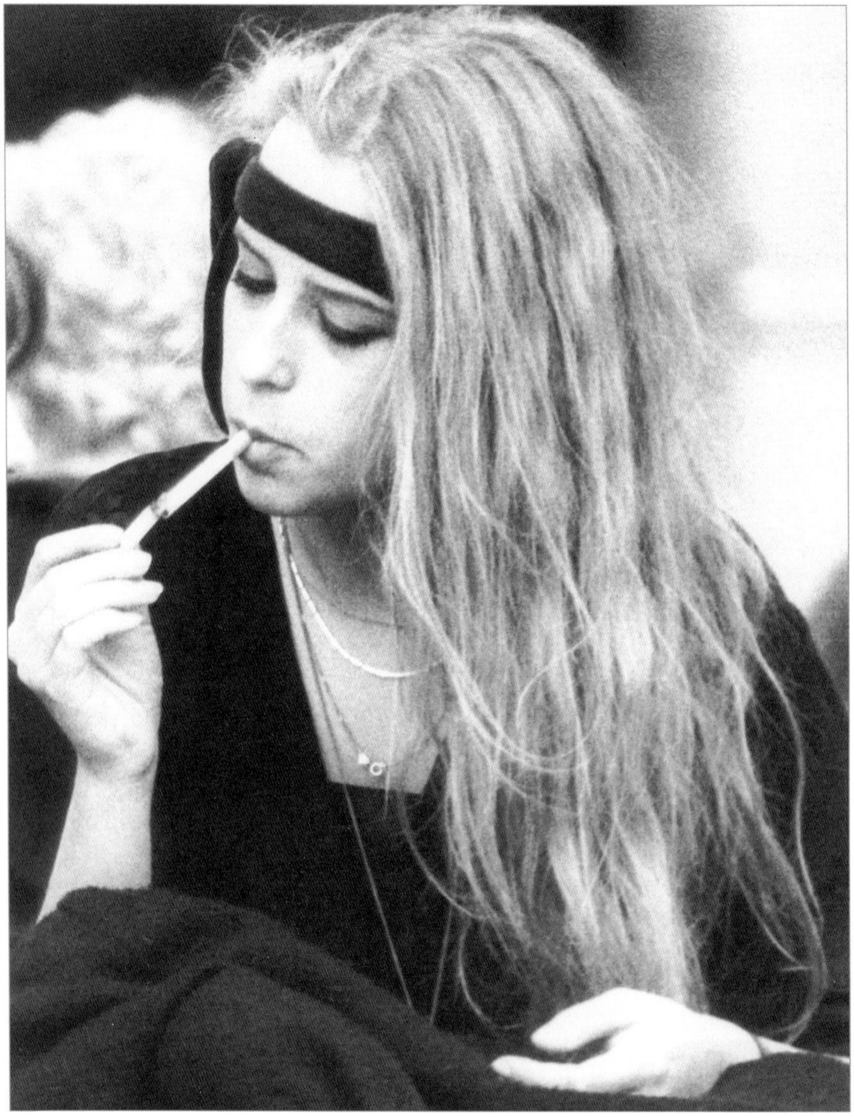

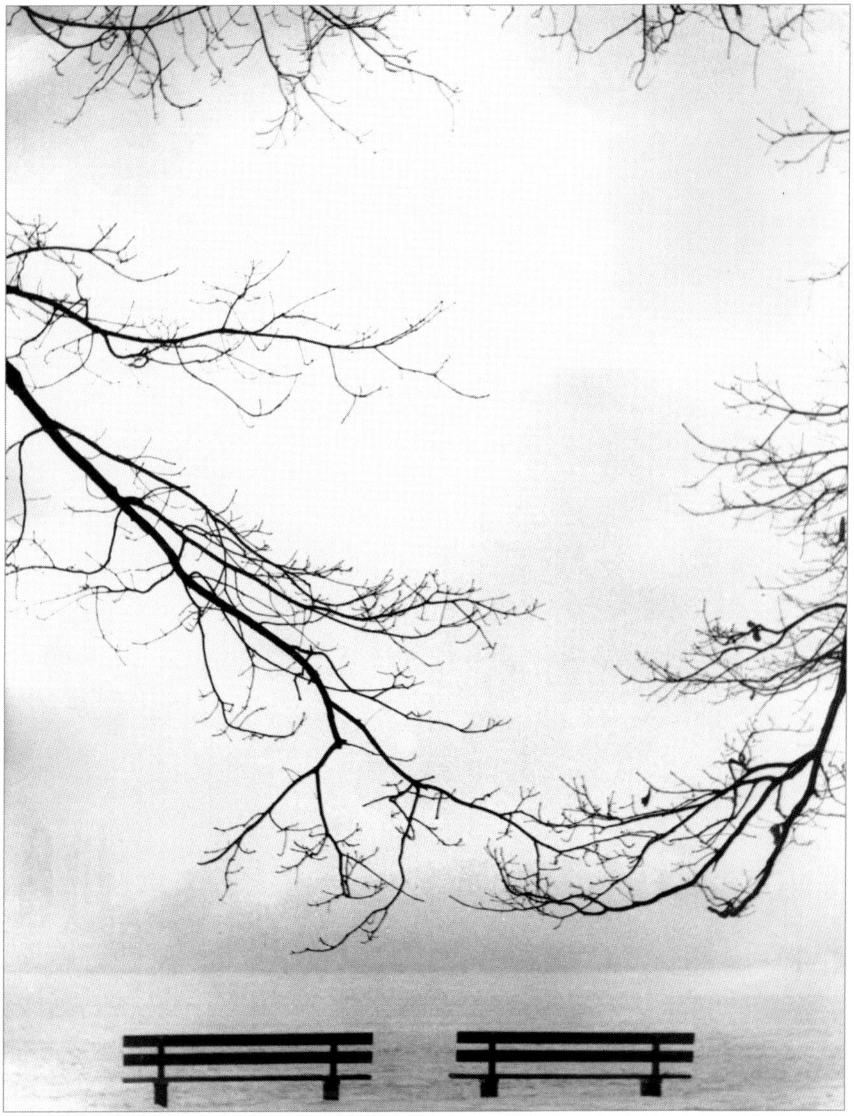

Die Deutsche Bibliothek – CIP-Einheitsaufnahme

Frankfurt – Poesie einer Stadt/Fotografien von Werner Schmitz. Hrsg. von Manfred Ruppel. –
Frankfurt am Main: Societäts-Verl. 2002
ISBN: 3-7973-0799-3